自分のためでも
誰かのためでも
なんだか心地いい時間
ひとりで気分を整えたり
人と集まって会話を楽しんだり
さて今日は何しようかな

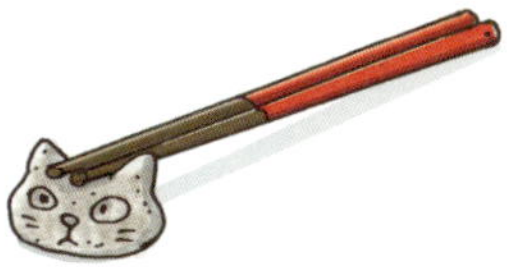

12ヶ月の　おいしいキッチン

西野 鶴子 29歳
にしの つるこ

美術館勤務

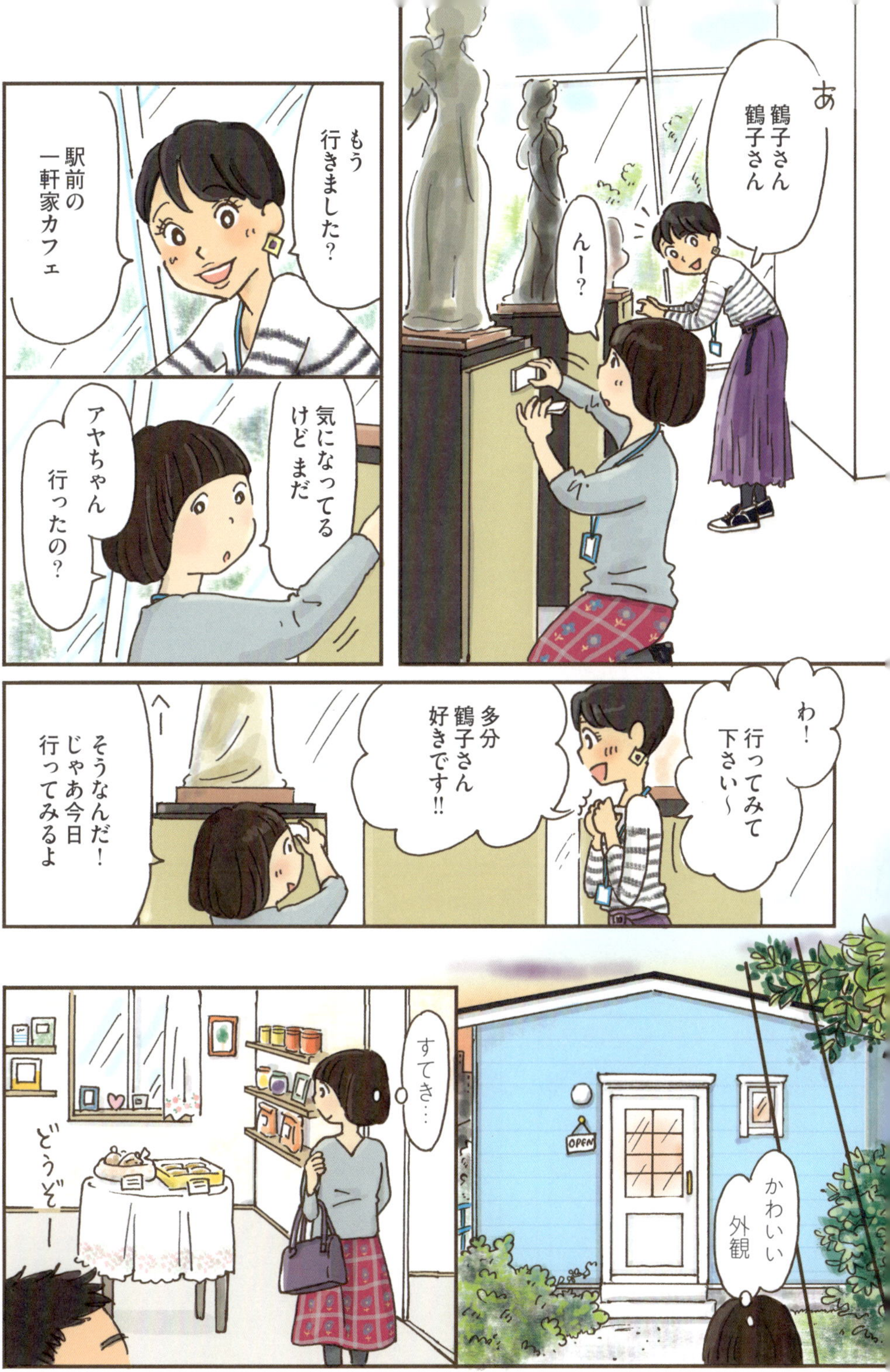

あ
鶴子さん 鶴子さん
んー？
もう行きました？
駅前の一軒家カフェ
気になってるけど まだ
アヤちゃん行ったの？
わ！行ってみて下さい〜
多分鶴子さん好きです‼
へー
そうなんだ！じゃあ今日行ってみるよ
かわいい外観
すてき…
どうぞー

うーむ 迷う～
やはりここは人気のビスケットをえらぶか…
いいなー
こんなカフェできたらなぁ
ちっちゃなギャラリーつきで…
ごゆっくり～
わあ…
おいしそう～
お皿もかわいい…
!!
実食!!
メモ!!
写真!!
好みの味すぎる…!!
アヤちゃんナイス!!
作りたい…!!

研究中
強力粉100％かしら
卵はどうだろ
牛乳か豆乳か…
いや、バターミルクか…
脳内に味をインプット中
……
おいしかったです
また来ます
ありがとうございます〜
おいしいものをお店で
雰囲気と一緒に楽しむのは
心の栄養補給
MILK
強力粉

再現中
おいしかったものを研究して
強力粉と全粒粉とまぜてみよう
家で再現するのも心はずむ時間
どっちを使おう?
Baki Pow
重曹 タンサン
わあ
うん!!
コレだ!!
おいしー
おいしいは幸せ
食べるのも作るのも
おすそわけー
キャ
鶴子おやつ〜
どっちも私の元気のもと

鶴子のエプロンコレクション

東欧アンティークの
エプロンが好き

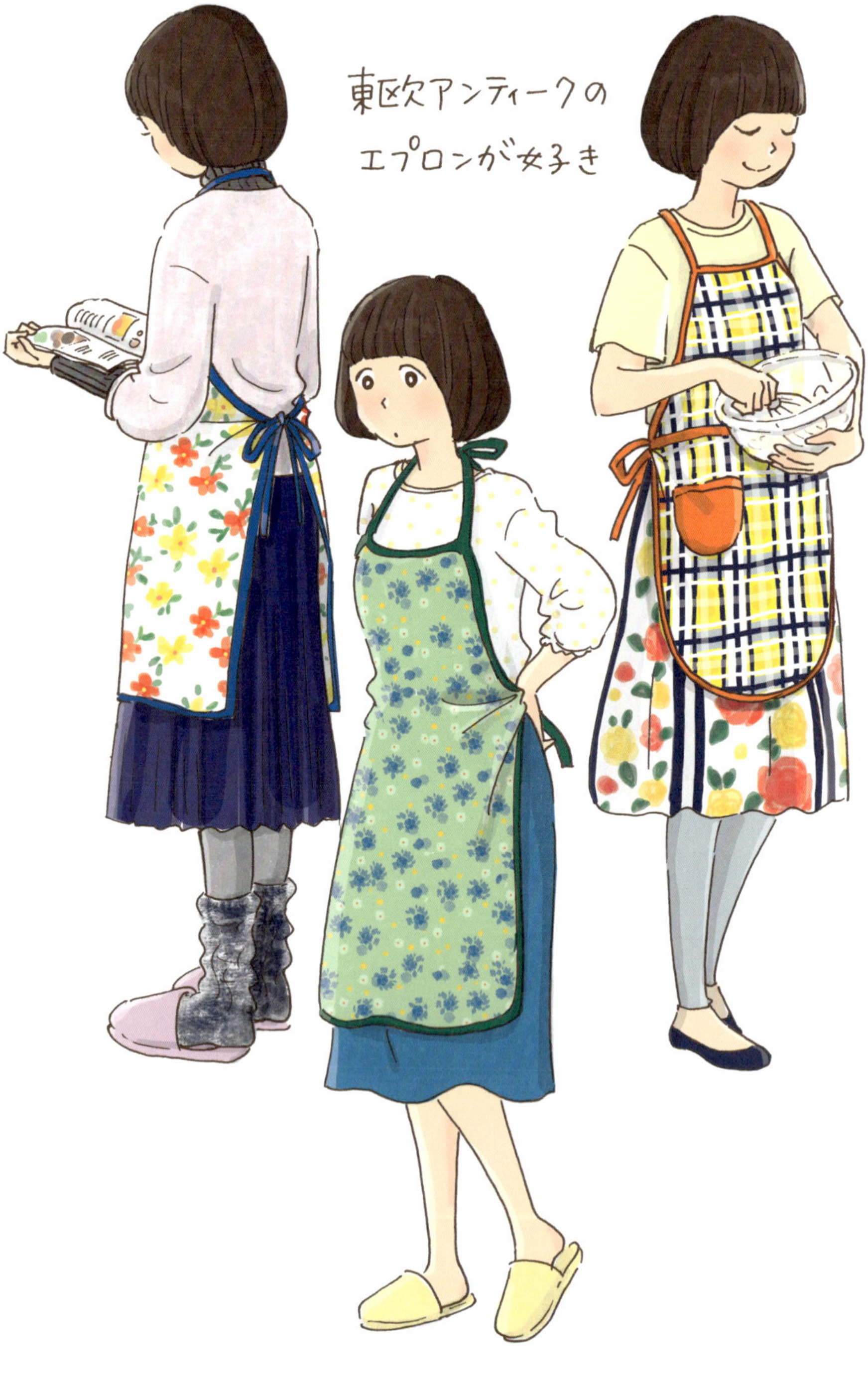

美術館がお休みの前日は
2.14～
お気に入りのパン屋さんに寄って帰ります
バゲットと
無花果とクルミのカンパーニュと
ハーイ
OPEN
朝が楽しみ…

カチ

いい香り…!!
BUTTER
できた♪
写真とっとこ

雑誌で見かけた
憧れブーランジェリーの
モーニングごっこ
なにこれ!!
おいしそう!!
すてき!!
ジャム並べたい!!
BISCUIT
あ〜〜
サイコ〜〜
お気に入りの食器と
おいしい紅茶
自慢のジャムで
鶴子の休日の
幸せな時間です

自家製果実シロップ
基本レシピ

①果物の下ごしらえ

ヘタを取ったり

皮のしっかりした果実は
すもも
皮に穴をあけて

柑橘は皮をむいて切って入れる

②果物をお鍋に入れて
果物の分量の
25～30%の
砂糖をかけて
まぜて
しばらく放置

宝物の保存食

③果物から水分が出たら
火にかけて砂糖をとかす

④砂糖がとけたら
火からおろして
粗熱を取る

⑤粗熱が取れたら
器に入れて保存

（ビンは消毒したものに）

鶴子の12ヶ月
1月
手作りおせちを
美しく並べて
あけましておめでとう
あんこを炊いて
おしるこで
鏡開き
2月
一人でも
節分の豆まきは
ちゃんとします
余った豆は
お砂糖を
からめて
おやつに

3月
おひな様を飾って
ちらし寿司
4月
カゴにパンとコーヒーをつめて
お花見に
5月
こいのぼりクッキーを
おいっ子に
プレゼント
6月
エルダーフラワーで
シロップ作り

7月
果物でシロップやジャムソースコンポートやお酒作り
杏シロップ
プラムソース
ブラックベリージャム
桃のコンポート
杏のコンポート
ブルーベリージャム
8月
自作のシロップやソースで
ソーダや
ふーあっー
かき氷や
ゼリーを楽しみ
苦手な夏をのりこえます
9月
お団子を作ってお月見
秋はりんご仕事で忙しい!!
10月
紅玉でタルトタタン
11月
グラニースミスでアップルパイ

12月
ビーフシチューに
マッシュポテト
ドライフルーツ
たっぷりのケーキで
クリスマス

季節の移ろいを
旬の食材や行事で
料理を通して楽しむ暮らし

幸せだなあと思うのです

鶴子のドリンクタイム

お気に入りのコーヒーショップの豆
moon coffee
お湯を注ぐと花開く花茶美しくて大好き
ハーブティ
エルダーフラワーシロップ
+お水
エルダーフラワージュース
ジンジャーシロップ
+紅茶
ジンジャーシロップティ
レモンシロップ
+炭酸水
レモネード
いちごシロップ
+牛乳
いちごミルク

「見せる収納」が好きだから
ほこりには気を使うよ

鶴子の
キッチンおそうじ術

ダチョウの毛の
はたき

カゴには
布をかけて

食器を
下向きに

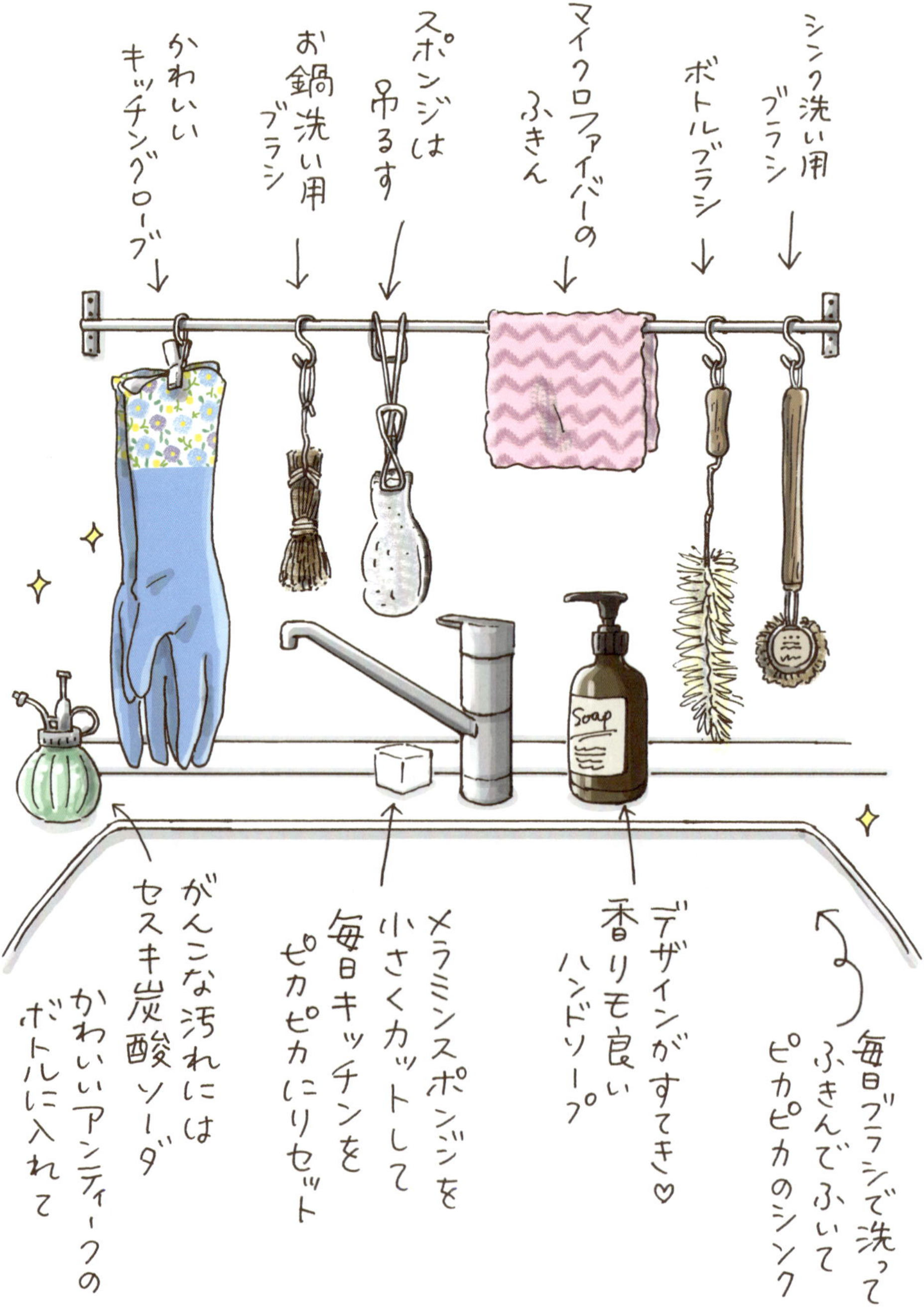
シンク洗い用ブラシ
ボトルブラシ
マイクロファイバーのふきん
スポンジは吊るす
お鍋洗い用ブラシ
かわいいキッチングローブ
Soap
毎日ブラシで洗ってふきんでふいてピカピカのシンク
デザインがすてき♡香りも良いハンドソープ
メラミンスポンジを小さくカットして毎日キッチンをピカピカにリセット
がんこな汚れにはセスキ炭酸ソーダかわいいアンティークのボトルに入れて

研究に
研究を重ねた
マフィン

バランスを 整えるキッチン

安司 エリナ 42歳
あんじ えりな

ヨガ講師

食事は
生命エネルギー（プラーナ）を
身体に取り入れること
「料理には
作る人のエネルギーが加わる」
とも言われているので
ごはん作りは機嫌良く
と決めています
いただきます

しかしおだやかを心してすごしていても
こんな日もあります
くやしー!!
失礼〜!!
くっそー!!
今日はごはんは作らない
イライラのごはんになる
なんか買って帰る!!
私は今
何を食べたいのだろうか…
餃子だ!!
ついでにお花も買って帰る!!
……
おいしい…

しみじみ…
3日ねかせた発酵玄米
おいしい…
母作のらっきょう
ふぅ…
フユカイだったけど
ちょっと落ち着いた…
心乱れる日もあるけれど
スー…
ハー…
パチ
よし!!
復活!!
食べ物・植物・空気
すべてを味方に
チャイ飲もー
自分のエネルギーを
整えています

毎朝のキッチンおそうじ
ごはんを作る＝《イコール》
自分の身体を作る
キッチンに感謝の気持ちで

冷蔵庫は
自分の身体の中と一緒
私は
私の食べたもので
できている
You are what you eat!
母の梅干
麹
Beer
Beer
お酒も好き
アイス大好き
エリナの冷蔵庫

果物

野菜

プラーナ(生命エネルギー)が
豊富な 新鮮なものを
身体に取り入れる

ピクルス

旬の野菜で
作っておく

麹味噌

自然食やさんで買う
ちょっといいお味噌

ぬか漬け

いろんなものを
漬ける
実験中♪

豆腐の
ぬか漬け

きのこを冷凍

いろんなきのこを
ミックスして
冷凍しておく

これこそ
プラーナ…

放置していた
ニンニク

1年前から自然食の料理教室に通っています
バランスの良い献立
お出汁の取り方
玄米の炊き方
食材のムダのない使い方
食を通して「自然に生きる」を学んでいます
バランスの良い食事
バランスの良い身体…
すべてはバランス…
キャンディ
ストロベリー
チェリー
クリームソーダ
…
自然食の後の自販機のド派手なアイス…
うま
すべてはバランス…

お出汁を取る日々

変えたもの

キッチンとベランダのグリーンたち
▼サボテン
▲ローズマリー
料理にも使える
▲バジル
▲アボカド（水耕栽培中）
お花は近所のお花屋さんで
▲オリーブ
▲アイビー
▲がじゅまる

身体を冷やさないために
身体を温める野菜・果物を食べる
しょうが
にんじん
ごぼう
りんご
とうがらし
オレンジ
れんこん
じゃがいも
大根
玉ねぎ
納豆
野菜いっぱい味噌汁
身体を温める発酵食品を食べる
ついに
ぬか漬けデビュー

ひなたぼっこ中

身体を温める飲み物
スライスしょうが
紅茶
シナモン
カルダモン
牛乳か豆乳
砂糖
チャイ
しょうがのはちみつ漬け
はちみつしょうが紅茶
身体を冷やすものはあまり食べない
FLOUR
小麦粉
コーヒーは身体を冷やすけどね…
ま、すべてはバランスだから
おいし

縁があって私のもとにあるキッチンアイテム

炭酸水メーカー
炭酸水はレッスンの必需品
いいものを長く使う!!
20年使い続けるフライパン
浄水器
浄水する石を入れたウォーターサーバー
Thank you!
水は命
お花は欠かさない

実家から送られてきた
かりん酒(母作)

1升を
1週間で
食べる

酵素玄米の
炊飯器

食べた後の種から
育てたアボカド

近所のお宅で
もらったびわの葉

びわの葉の
玄米焼酎漬け

化粧水や
びわの葉エキスに

シンプル&スタイリッシュ

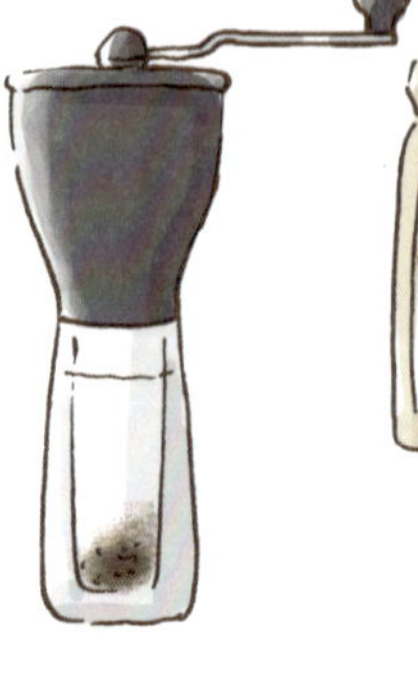

近所の
コーヒーやさんで
焙煎してもらった
コーヒー豆

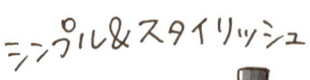

叔母からの荷物

はっさく・・・
アホみたいに入ってる
おかしに
ラーメン・・・
この歳でも
子どもなのね
ありがとう
尾道ラーメン

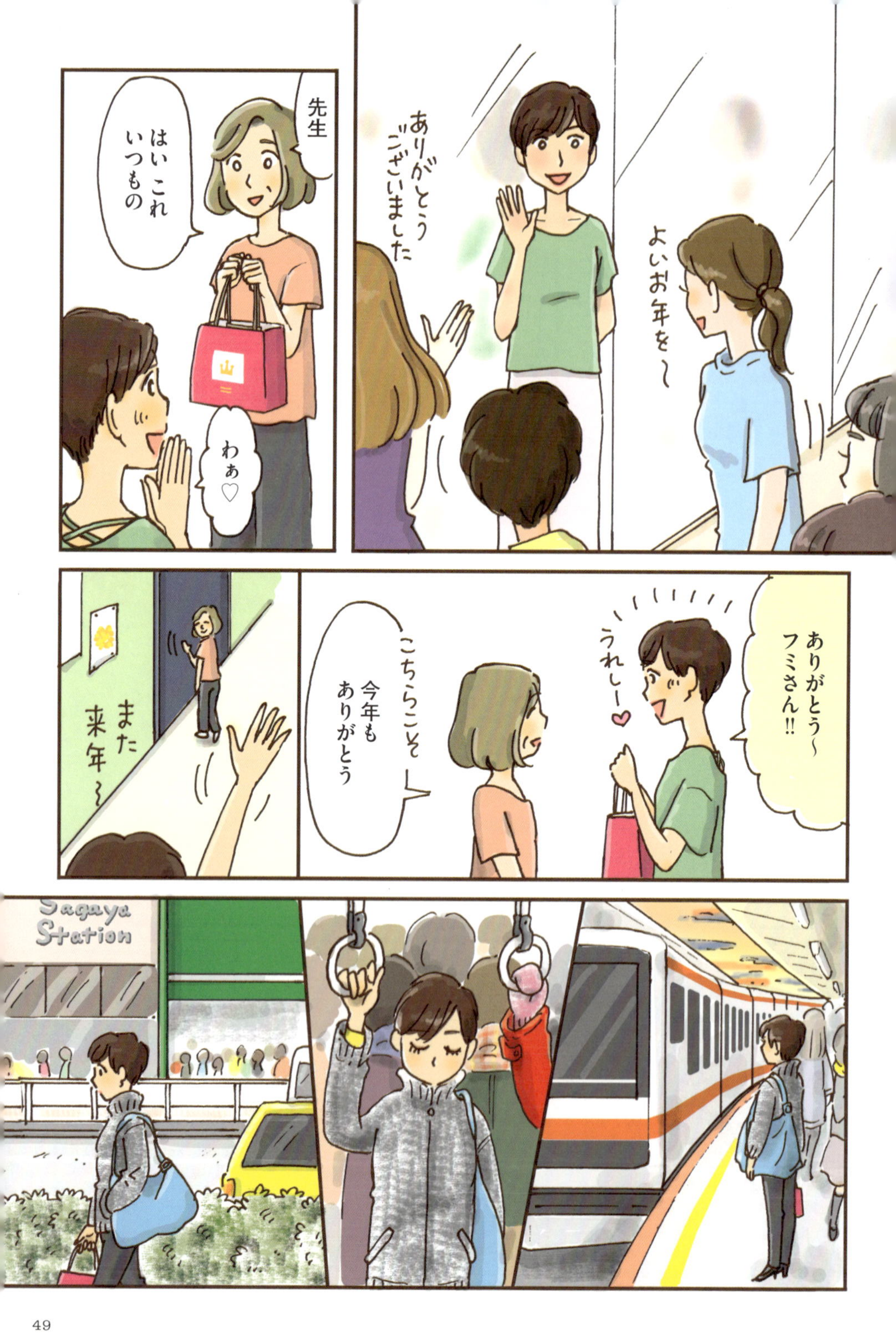
ありがとうございました
よいお年を〜
先生
はい これ いつもの
わぁ♡
ありがとう〜 フミさん!!
うれしー♡
こちらこそ 今年も ありがとう
また 来年〜
Sagaya Station

ふー
終わった
終わった
今年も一年
祝!!
よく頑張った!!
うま煮
昆布巻き
きんとん
伊達巻
錦あえ
Beer
今年も美しい…
ちょっとだけいただきます
ぱく
うま～!!

まだ29日なのに…
……
川田さんがくれた生ハム
つつじちゃんがくれたシュトーレン
下妻さんがくれたドライフルーツ
…
川田さんの愛
つつじちゃんの愛
下妻さんの愛
母の愛
フミさんの愛
私が教えているようで
アンテナのポーズ
みんな…
ありがとう…

本当は教えられている
自分のことだけでも大変なのに…
人に何かしてあげられるってすごい
こんなにたくさん愛をもらって
…
エリナ先生ありがとう
For you
私は返せているのだろうか

…よし!!
寝よう!!
そうだ!!
寝倒そう!!
一年使い続けた
体を労ろう!!
明日はキッチンを
ピカピカにして
あさっては
叔母の愛で
すきやきを
作ろう
賀正!
健康で元気で
少しでも長く
この仕事をすることで
みんなに愛を
お返しするんだ

普段は食べないラーメン、
食べる時は
思い切り楽しむ!!

野菜たっぷり!!

おやつは生徒さんと

キッチンでできるストレッチ

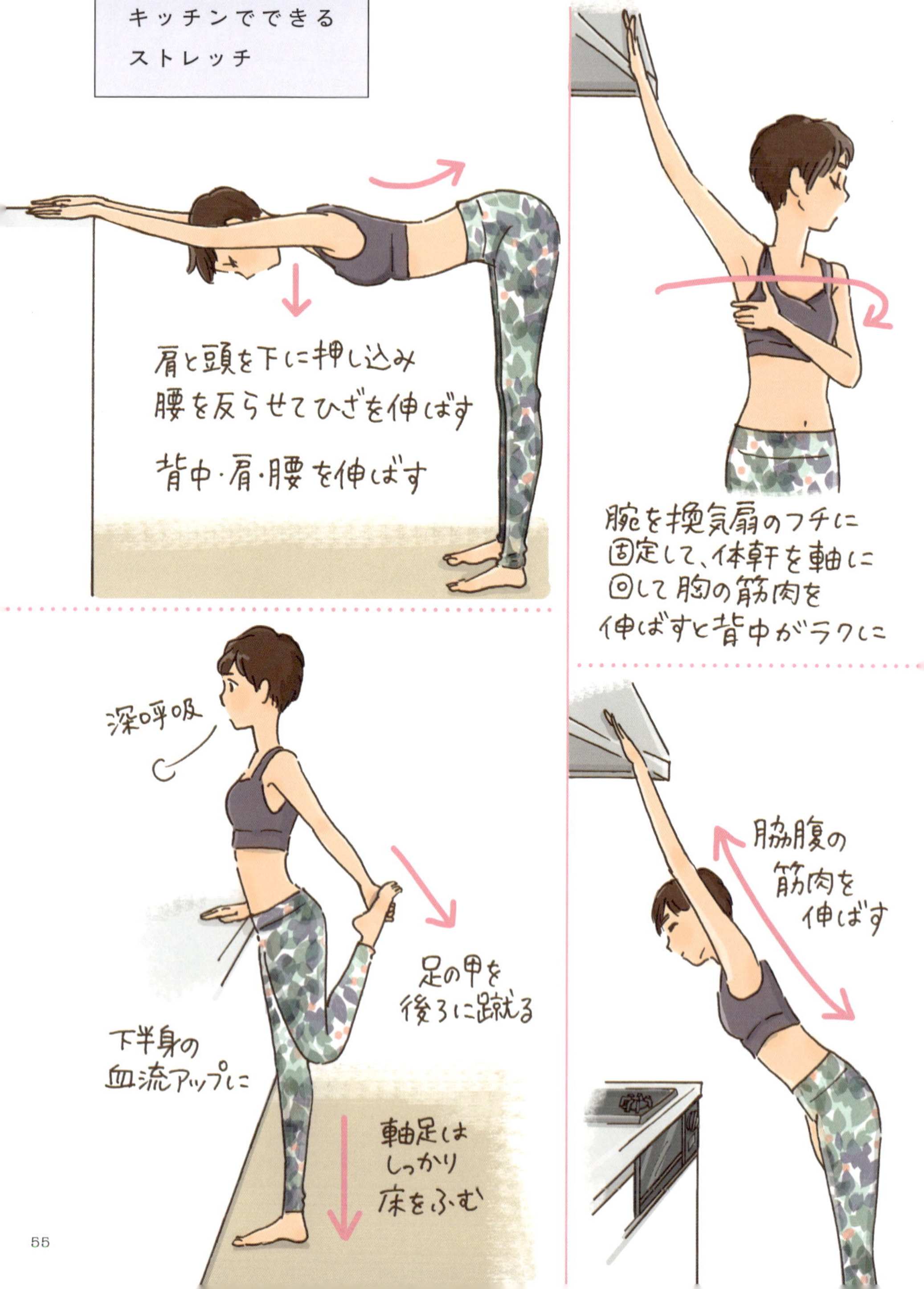

肩と頭を下に押し込み
腰を反らせてひざを伸ばす
背中・肩・腰を伸ばす
腕を換気扇のフチに
固定して、体幹を軸に
回して胸の筋肉を
伸ばすと背中がラクに
深呼吸
足の甲を
後ろに蹴る
下半身の
血流アップに
軸足は
しっかり
床をふむ
脇腹の
筋肉を
伸ばす

叔母の愛情すきやき

猫と暮らす

キッチン

月ノ江 つつじ 32歳
つきのえ つつじ

布屋の副店長 with 猫のしらたま

つつじちゃん引っ越したんだって？
そうなんですよー
いとこが急に
つつじ!? 私車で暮らす!!
だからさ家いらない!? 好きにしていいから!!
って
へー
車…？
ハイ
で
しらたまも一緒でオッケーだったので
しらたま…？
ハイ

うちの猫です
わたしにしか なついてなくて
さむー
いそご
ガチャ
しらたまー
ただいまー
寒くなかった かーいい
スン スン
カチ
カチ
はー
生き返るー

もう…動きたくない…
なでこなでこ
……
ごくぅごくぅ
よし
ごはんにしよう
土鍋使お♪

ほわ
ちょっと待ってね
ニャ
…
良し
できたよー
おいしい？

私も食べよ
お塩たして〜
同じもの食べられるのって楽しい♪
おいしいね しらたま

しらたまとつつじのおかゆレシピ

※白菜やニンジンは無害だけど
ちょっぴりにしてね。

① 人参・白菜・
すじを取った
ささみを
猫の一口大に切る

② 水3カップを土鍋に入れ
①と冷ごはんを入れて
ふたをして
弱火でくつくつ煮る

③ 溶き卵を回し入れて
ふたをして
1分蒸らして完成！

雲みたいな
薬味皿

ベトナム雑貨やさんで
買ったおかゆセット

つつじのキッチン小物

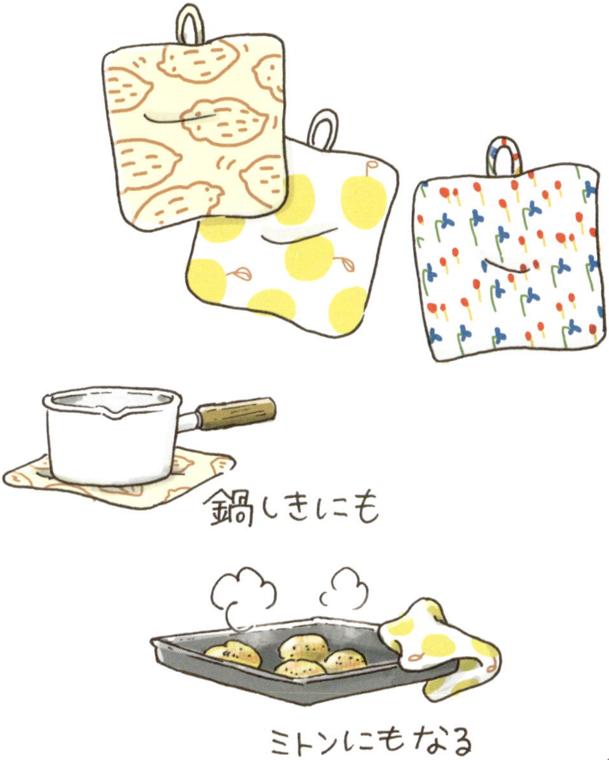
鍋しきにも
ミトンにもなる

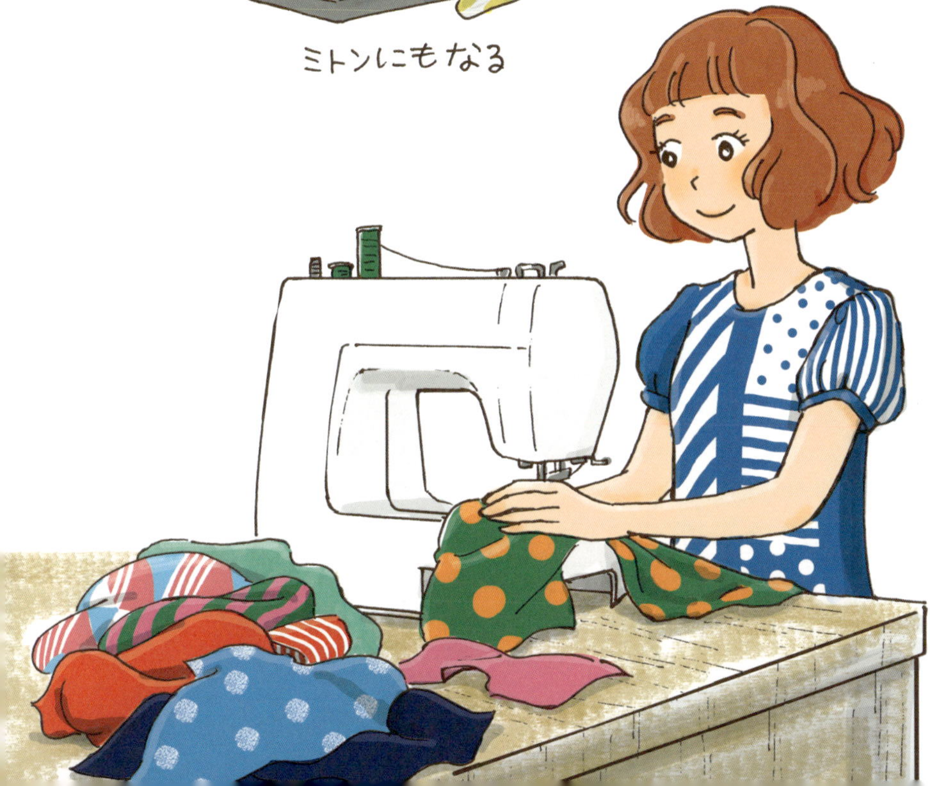

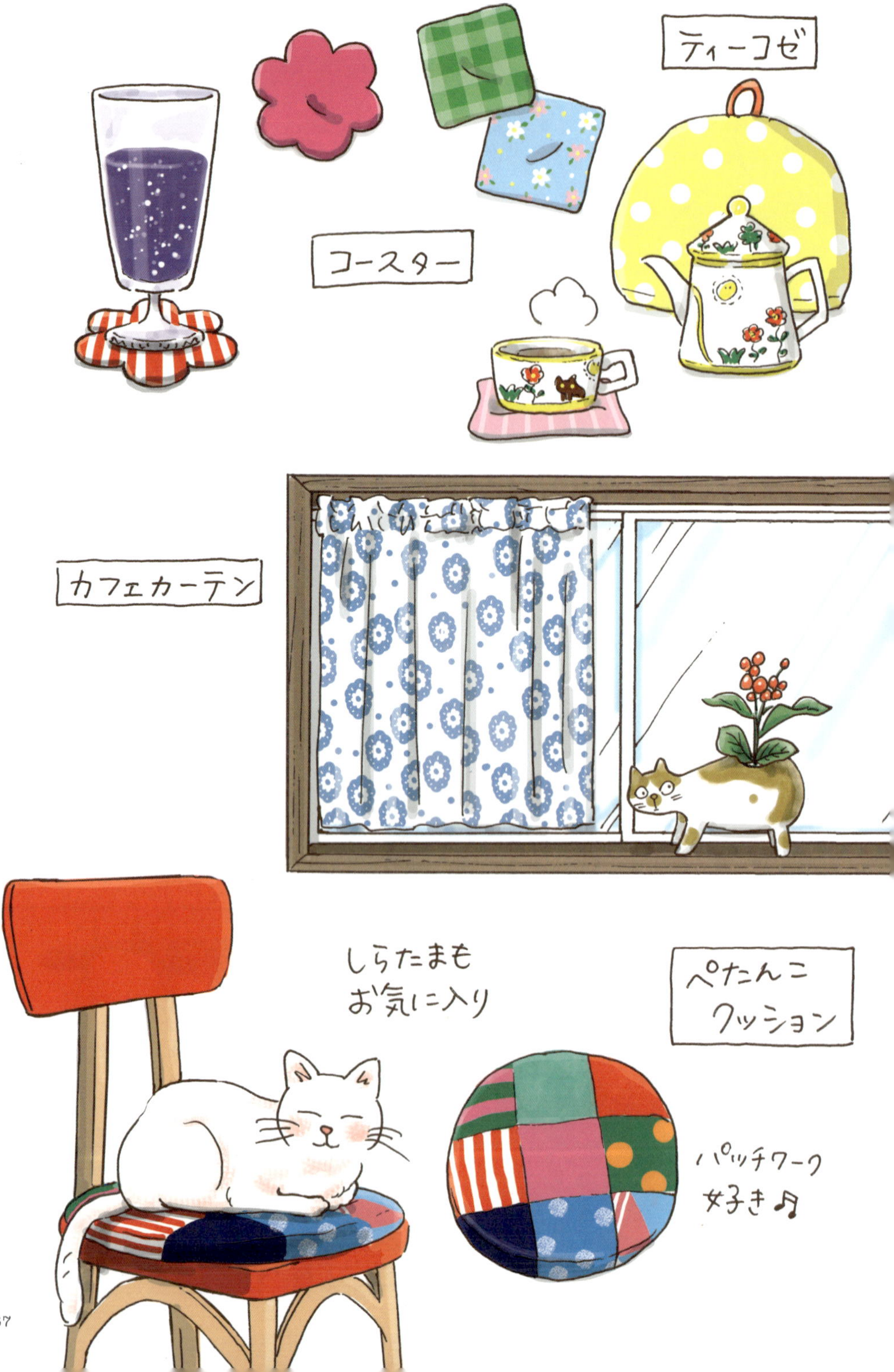
ティーコゼ
コースター
カフェカーテン
しらたまも
お気に入り
ぺたんこ
クッション
パッチワーク
好き♪

よし!!
できたー!!
お誕生日スペシャル!!
しらたまー
おめでとー♡
すとん
さぁ どうぞ
クリームチーズといくらだぞぅ

クンクン
クンクン
プイッ
えっ!?
スタスタ
ええ〜!?
ガーーン
お誕生日スペシャルごはん…
お待たせ〜
チーズといくらをどかしてふりかけ!!
…
結局いつも通りだなァ…
ちぇっ
ま、いいや
代わりに私がおいしければ
しらたまおめでとー

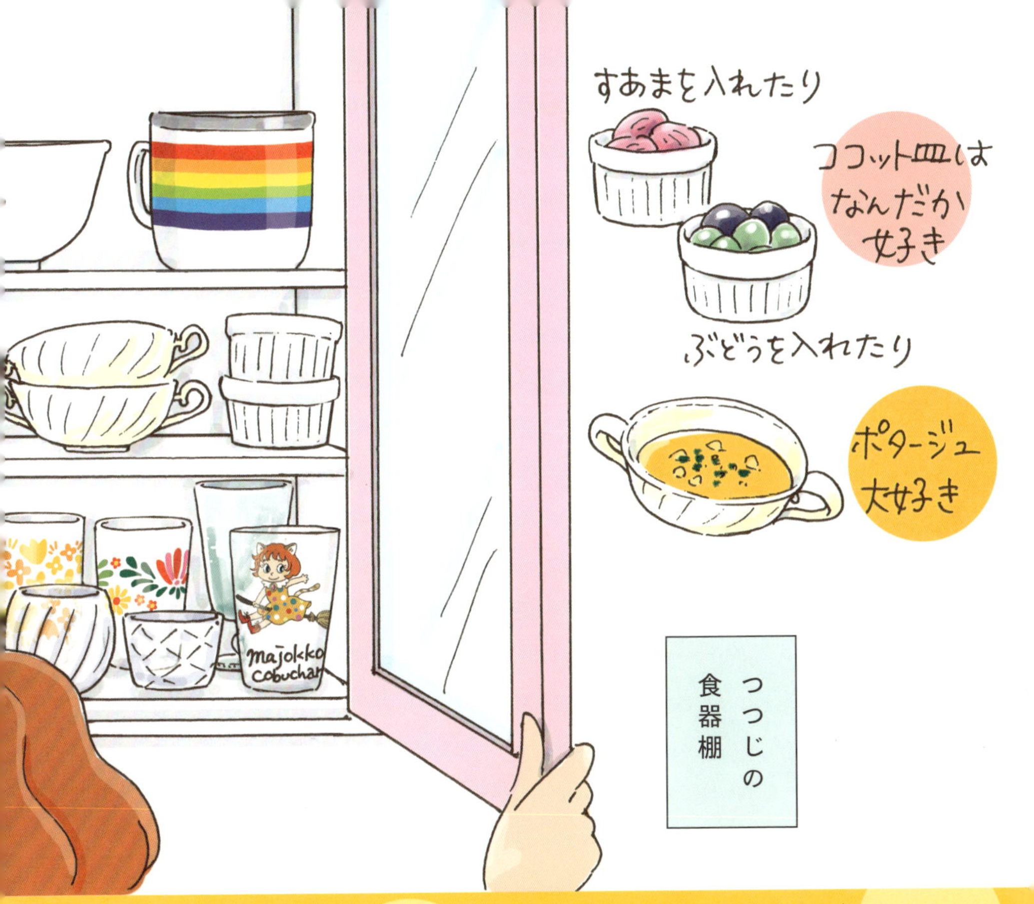
つつじの食器棚
すあまを入れたり
ココット皿はなんだか好き
ぶどうを入れたり
ポタージュ大好き
majokko cobuchan

砂糖
塩
お米
お茶いろいろ
TEA
猫の計量カップ
しらたまフード

お友達が来た時に作る
フルーツポンチ用
小花柄が
かわいい
ガラスの
お皿
ぽってり
カップは
ミルクティや
チャイに

つつじはビンが好き
ウエス
梅ジュース
マカロニ

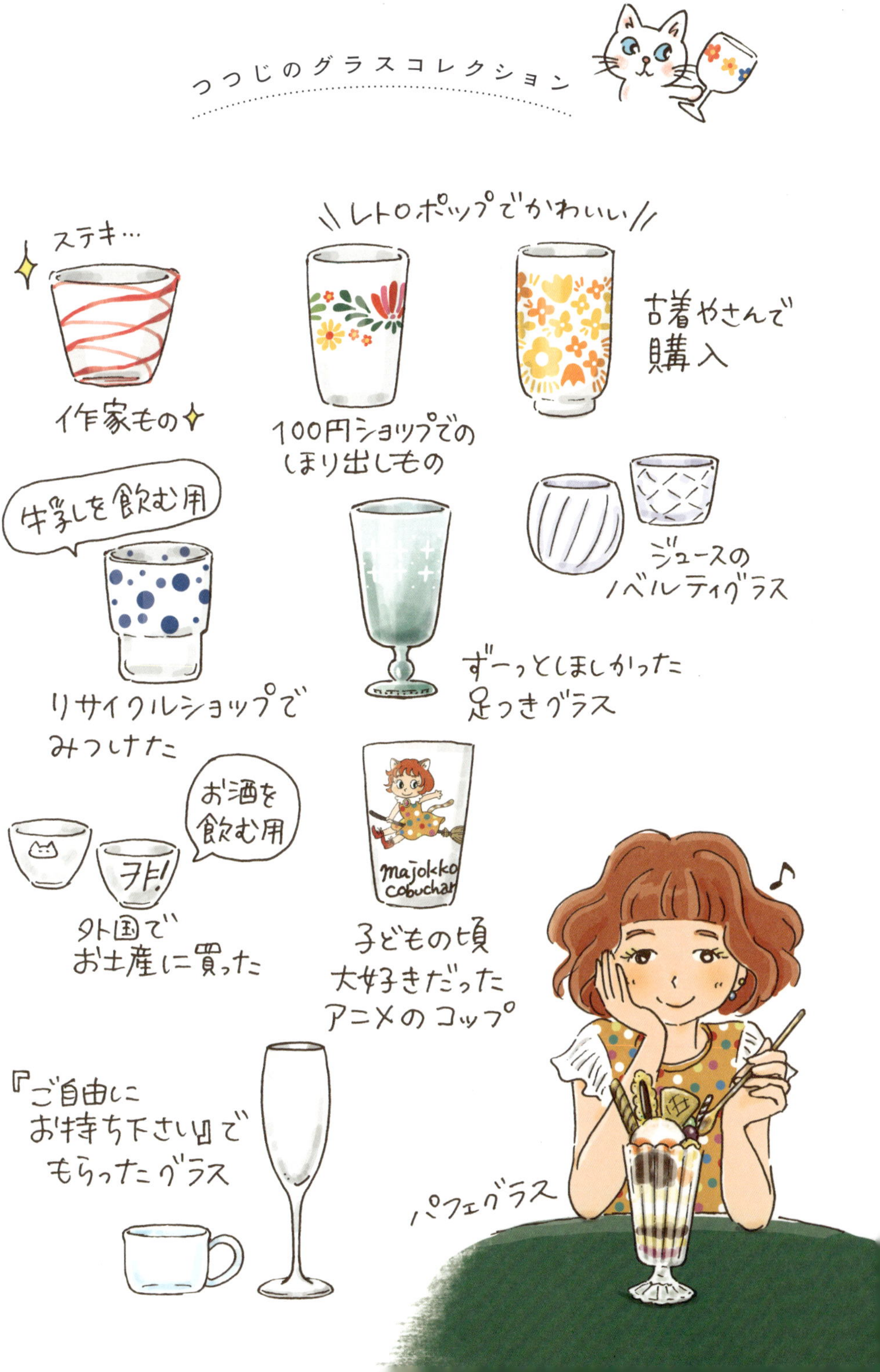

つつじのグラスコレクション
ステキ…
作家もの
レトロポップでかわいい
100円ショップでのほり出しもの
古着やさんで購入
牛乳を飲む用
リサイクルショップでみつけた
ジュースのノベルティグラス
ずーっとほしかった足つきグラス
お酒を飲む用
majokko
外国でお土産に買った
子どもの頃大好きだったアニメのコップ
『ご自由にお持ち下さい』でもらったグラス
パフェグラス

つつじキッチンの猫グッズ

ねぇ そらさん
一人暮らしって最高なんだね
えー
私高校から
一人暮らしだからなー
むしろ
2人暮らし
したい!!
うち7人で
住んでたからね
何の音もしない
静かな空間とか
好きなものを
好きなタイミングで
食べるとか
自分の好きな
かわいい食器だけが
並ぶ棚とか
すごく新鮮
それはワカル!!
あとね
壁とか家具とか
ぬっていいの〜
めっちゃ楽しい!!
DIY!!
オレンジの壁とか
自分の好きに
していいの〜

この後は？
どこか行くの？
ペンキ買ってイスをぬろうと思って!!
ホームセンター行ってくる!!
いーね!! 今度呼んでー
しらたまによろしくー
そういえば
子どもの頃から間取り図や家の写真が好きだった
ハウスカタログ
Flour
ドールハウスの食器やお鍋
ミニチュアの食べ物にワクワクした
夢のおうち

グリーンか
白か…
忘れていた自分を
ちょっとずつ思い出して
タイル
かわいい
しらたまの
つめとぎ
作ろー♪
ときめきを
パッチワークみたいにつなげて
好きな色
好きな模様
imo imo
ただいまー♡
スン
スン
「好き」で
いっぱいにする
かわいい

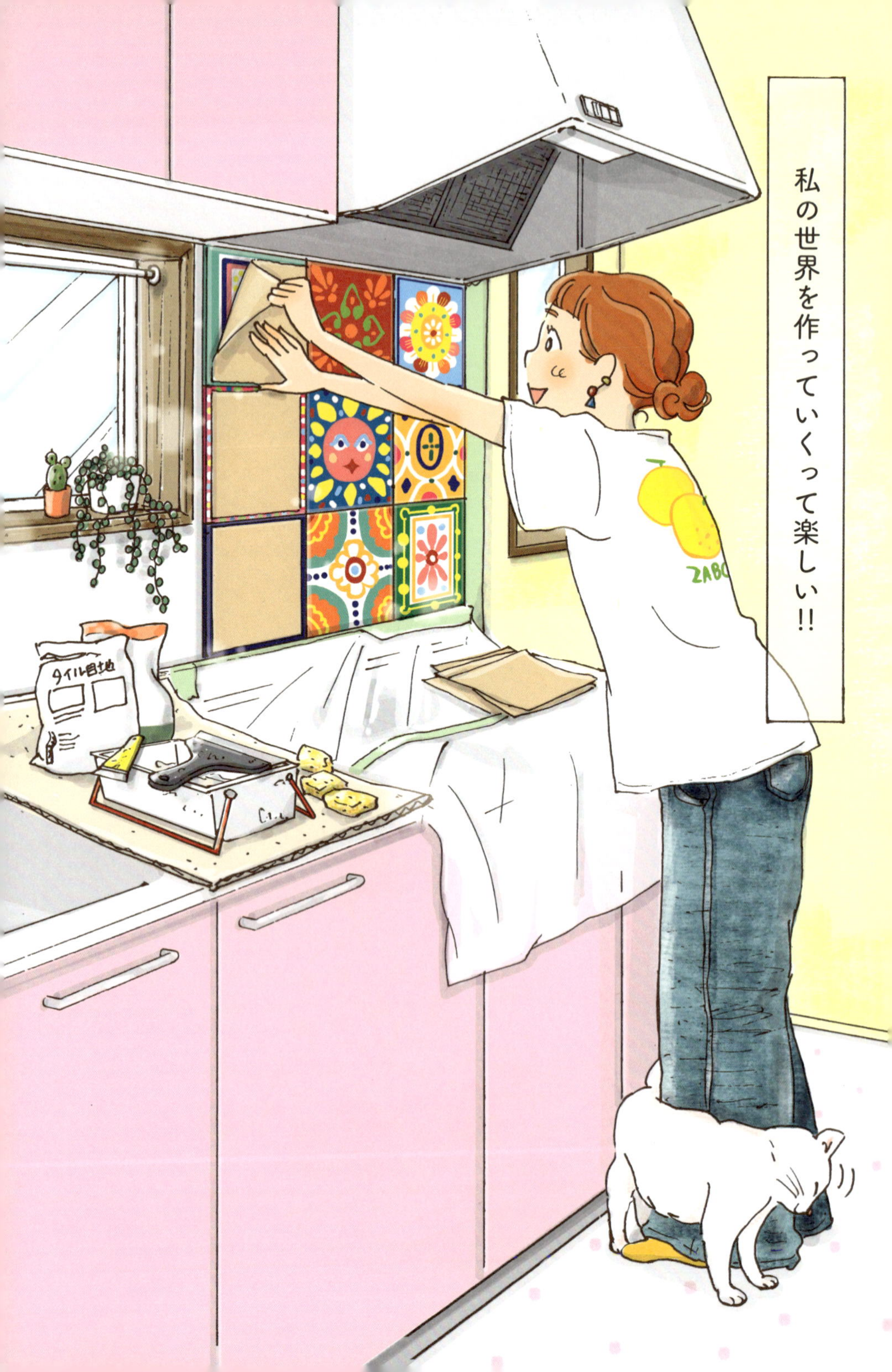
私の世界を作っていくって楽しい!!
タイル目地

つつじのDIY

タイル貼り
大成功♪

小さな三角コーンと
麻ひもで作った
つめとぎ

何もなかった日の朝ごはん

恋の妄想

暴走キッチン

成鷹 そら 23歳
なりたか そら

美容師

運命の人
だと思うの!!
昨日すごいことがあったの!!
…え?
何事?

朝ごはんに
オムレツ作ったら
ちょうど
友達から
オムレツの
写真来て
8:16
く masaka
オムレツと海
わたしもー!!
も
おもしろいなと思ったら
出勤中
オムレツやさんが
オープンしてて
オムレツ
祝・開店
omelette
お店に並べる
新しい雑誌が
オムレツ
特集で
ギョッ
オムレツの店
お客さんが
そらちゃんて
オムレツ好き?
とか言って

何それー
そんなことある？
パスタうま!!
でね!!
ここからなの!!
帰り自転車のカギが手から落ちて
あっ
男の人が拾ってくれたんだけど
すいませ…
なんとその人!!
オムレツのTシャツ着てたの!!
ハイ

ギャハハ
オムレツTシャツ!!
サ
サ
しかも
すごくタイプだったの!!
メガネくん…
また会いたい～
オムレツ作ってあげたい…♡
でも確かに
そら料理上手だもんね
うんうんお店みたい
愛する人の好きなものを作りたい!!
そらの夢だもんねー
毎日!!
サ
サ
また会えたらいいねオムレツくん
メガネくん!!かっこ良かったの!!

おいしいもの大好き!!
お外での食事は
メニューや盛りつけの
参考に♪

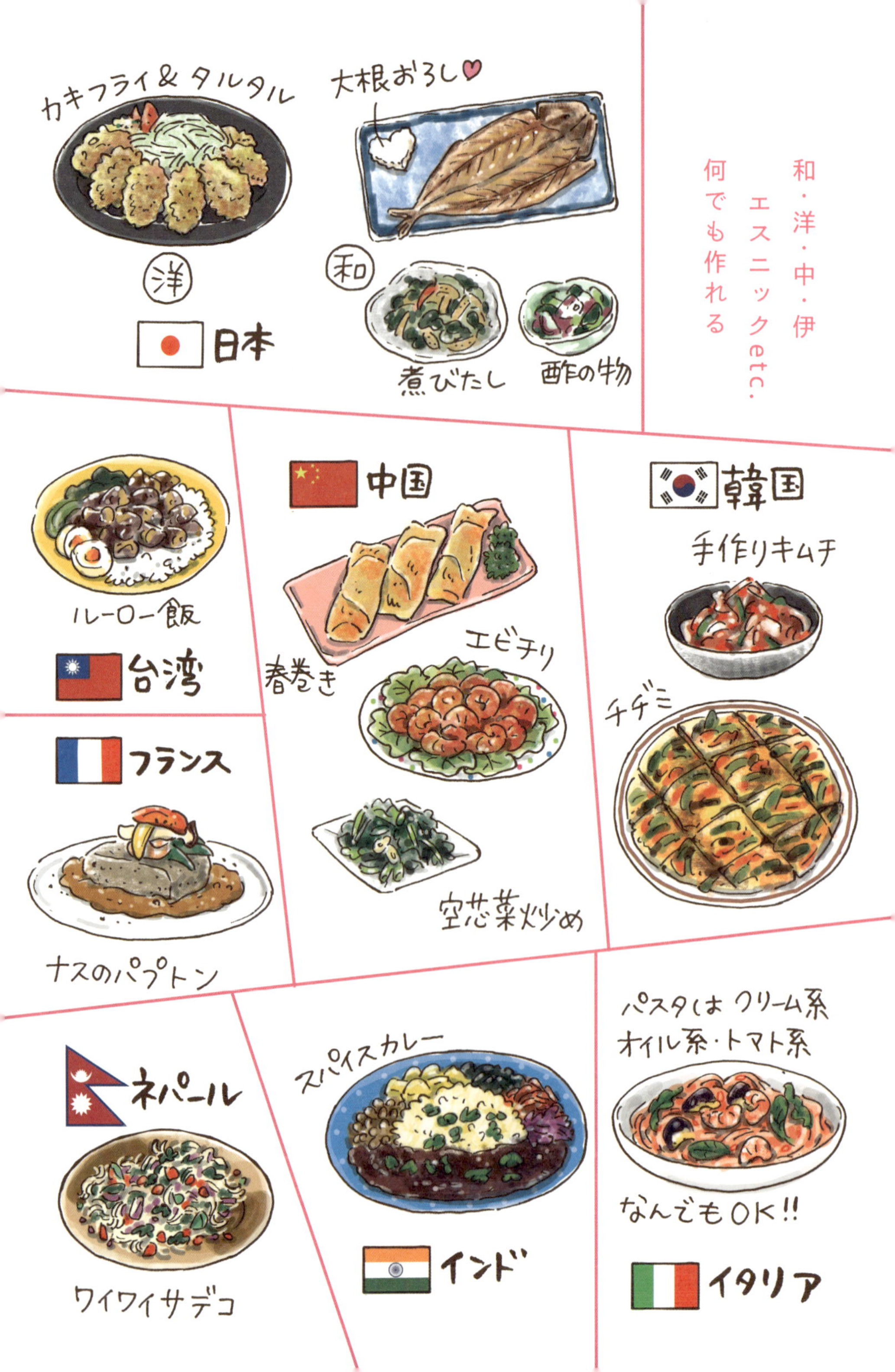
和・洋・中・伊
エスニックetc.
何でも作れる
カキフライ＆タルタル
洋
日本
大根おろし
和
煮びたし
酢の物
ルーロー飯
台湾
中国
春巻き
エビチリ
空芯菜炒め
韓国
手作りキムチ
チヂミ
フランス
ナスのパプトン
ネパール
ワイワイサデコ
スパイスカレー
インド
パスタは クリーム系
オイル系・トマト系
なんでもOK!!
イタリア

お料理上手なそらの家には
よく人がやって来ます
居酒屋そら
行きたーい
いいよー
おもてなしも
大好き
①来る人の好みを考えて 何系の料理にするか決める
豆好き
和より洋
野菜好き
パスタ好き
②食材チェック
③メニューを考える
バーニャカウダ
キャベツとアン

④前日に仕込めるものは作っておく
紫玉ねぎのマリネ
ピクルス
レンズ豆の田舎風
⑤当日足りないものを買い出しに
えーっと
⑥料理に合う食器を選ぶ!!
お皿かわいー♡
⑦温かいものは温かいうちに
冷たいものはしっかり冷やして出す
ヴィシソワーズ
とうもろこしのかきあげ
料理上手の秘訣は？
隠し味は？
おもてなしのコツは？
よく聞かれるそれらの答えはただひとつ
⑧愛
なのだ

野菜のグリル バルサミコソースがけ

材料（2人分）

蓮根　3センチ
かぼちゃ　1/16個
ジャガイモ　1個
にんじん　1/2個
玉ねぎ　1/2個
（家にある野菜でOK！）
ソース
バルサミコ酢　大3
醤油・酒・みりん・
　はちみつ　大1
塩胡椒　適量
にんにく　1かけ
バター　10g

1 オーブンを180度に予熱する

2 玉ねぎは幅1センチに切る。
かぼちゃはタネとワタを取り幅5ミリに切る。
蓮根とにんじんは皮ごとキレイに洗って、
幅5ミリに切る。蓮根は水にさらす。
ジャガイモは皮をむいて幅5ミリに切り、
水にさらす

3 予熱したオーブンで40分焼く
（時間のない時はオリーブオイルで
フライパンでじっくり焼く！）

4 バター以外のソースの材料を
フライパンに入れ、トロッとするまで
中弱火で7分くらい煮詰める。
最後にバターを加える

5 野菜を盛り付けて
ソースをたっぷりかけて出来上がり♪

居酒屋そらの
人気レシピ

アボカドのクリームチーズ詰め

材料（2人分）

アボカド　1個
クリームチーズ　30g
レモン汁　適量
塩胡椒　適量

1 アボカドは皮と種を取り、
種のくぼみに
クリームチーズを詰める

2 くし型に切ってお皿に
盛り付けて、レモン汁、
塩胡椒をふって完成！

＊ クリームチーズは
味噌をまぜたり、
わさびをまぜたり、
鰹節や塩昆布をまぜたり、
アレンジは無限♪

クラッカーとディップ3種

お好みの分量で作ってね！

材料（2人分）

クラッカー　好きな量

A アボカドディップ
- アボカド　1個
- ごま油　適量
- 塩胡椒　適量
- レモン汁　適量

B くるみとアンチョビのバターディップ
- バター
- くるみ
- アンチョビ
- 塩胡椒

C 野沢菜漬けチーズ
- クリームチーズ
- 野沢菜漬け

A アボカドの皮をむいて種を取り、レモン汁とごま油、塩胡椒を適量かけてペースト状にまぜる

B 常温で柔らかくしたバターにアンチョビを加えてフォークで崩しながら、くるみと塩胡椒を加えて混ぜる

＊ くるみじゃなくても、ナッツならなんでもOK！

C 野沢菜漬けを細かく切り、クリームチーズとまぜる

＊ しば漬けやいぶりがっこなど、漬物なんでもOK！

そば稲荷

材料（10人分）

油あげ　5枚
蕎麦　100g
紅生姜 ネギ　少々

A
- だし汁　100mℓ
- 砂糖　20g
- 醤油　大さじ1.5
- みりん 酒　少々

B
- ごま油　小1/2
- 酢　小1
- 塩胡椒　適量

1 油揚げは半分に切って中を開き、Aの調味料で煮て冷ましておく

2 お蕎麦を袋の表示通りに茹で、ザルにあげて水で締める

3 ボウルにBの材料をまぜ、お蕎麦を和える

4 おあげにお蕎麦を入れ、紅生姜とネギをトッピングする

＊ 時間のない時は市販のお稲荷さん用の味付けされた油揚げを使えばOK！

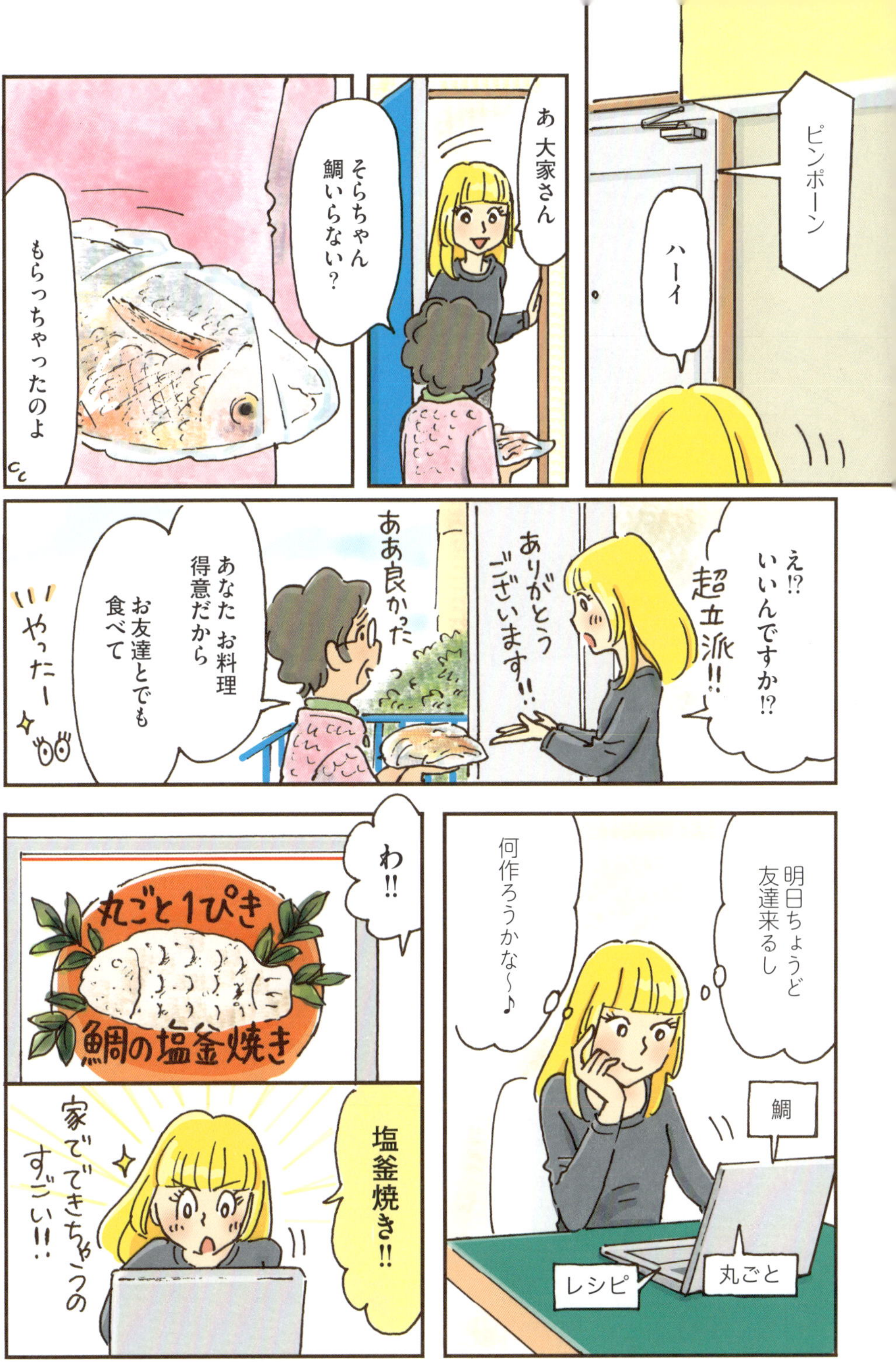
ピンポーン
ハーイ
あ 大家さん
そらちゃん 鯛いらない？
もらっちゃったのよ
え⁉ いいんですか⁉
超立派‼
ありがとうございます‼
ああ良かった
あなた お料理得意だから お友達とでも食べて
やったー
明日ちょうど友達来るし
何作ろうかな～♪
鯛
丸ごと
レシピ
わ‼
丸ごと1ぴき
鯛の塩釜焼き
塩釜焼き‼
家でできちゃうのすごい‼

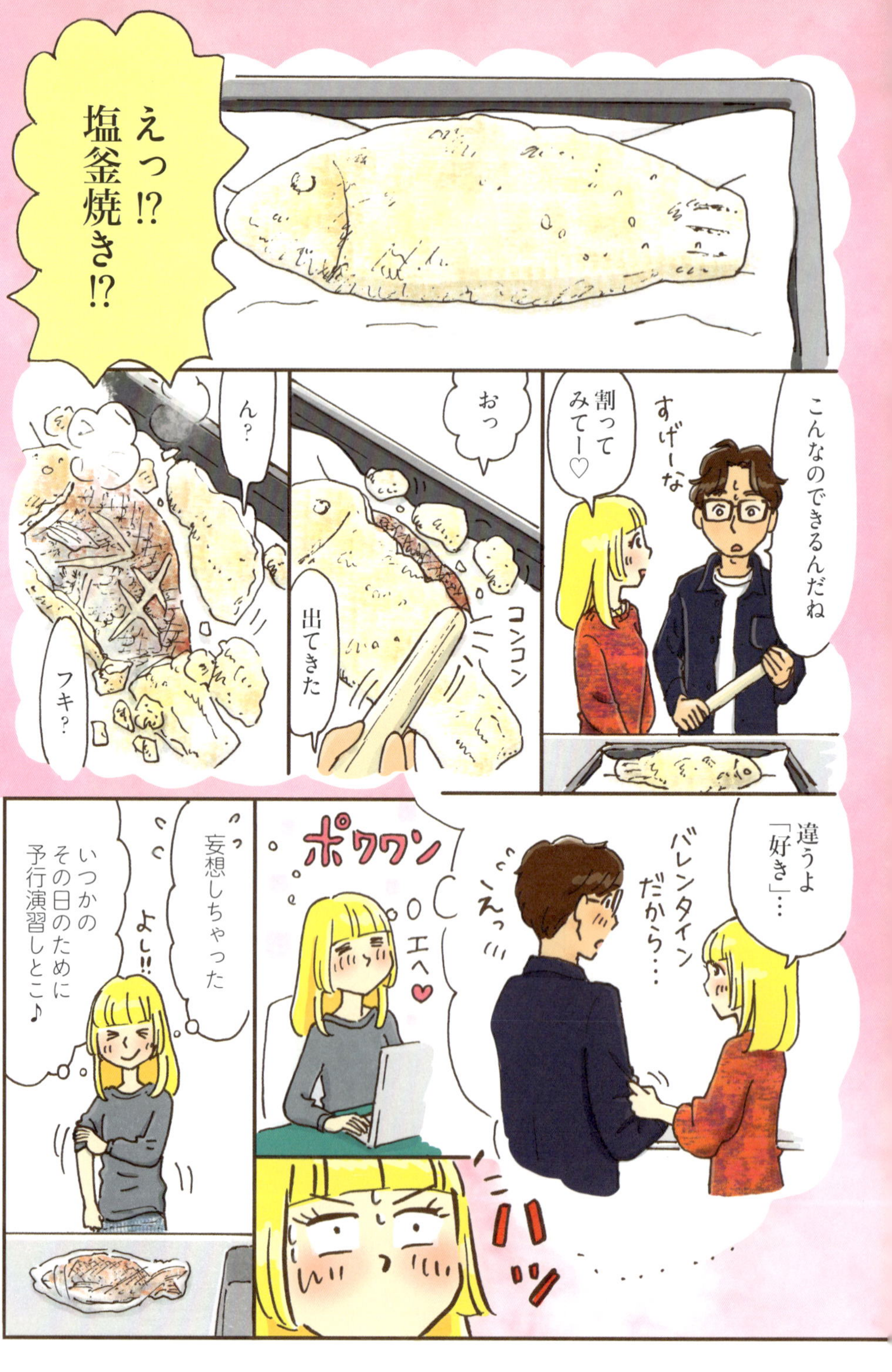

えっ⁉
塩釜焼き⁉
こんなのできるんだね
すげーな
割ってみてー♡
おっ
コンコン
出てきた
ん？
フキ？
違うよ「好き」…
バレンタインだから…
えっ
ポワワン
エヘ♥
ハッ
妄想しちゃった
よし‼
いつかのその日のために予行演習しとこ♪

そらの妄想 お誕生日ディナー

デザート♡
オメデトー♡
えっっ
ケーキも作れるの!? すげー!!
Happy Birthday
LOVE
そら
メガネくん
今まで食べたケーキの中で1番おいしい!!
毎年これがいいなー
えっ…
毎年!? それって…!!

そらの調味料だらけの冷蔵庫

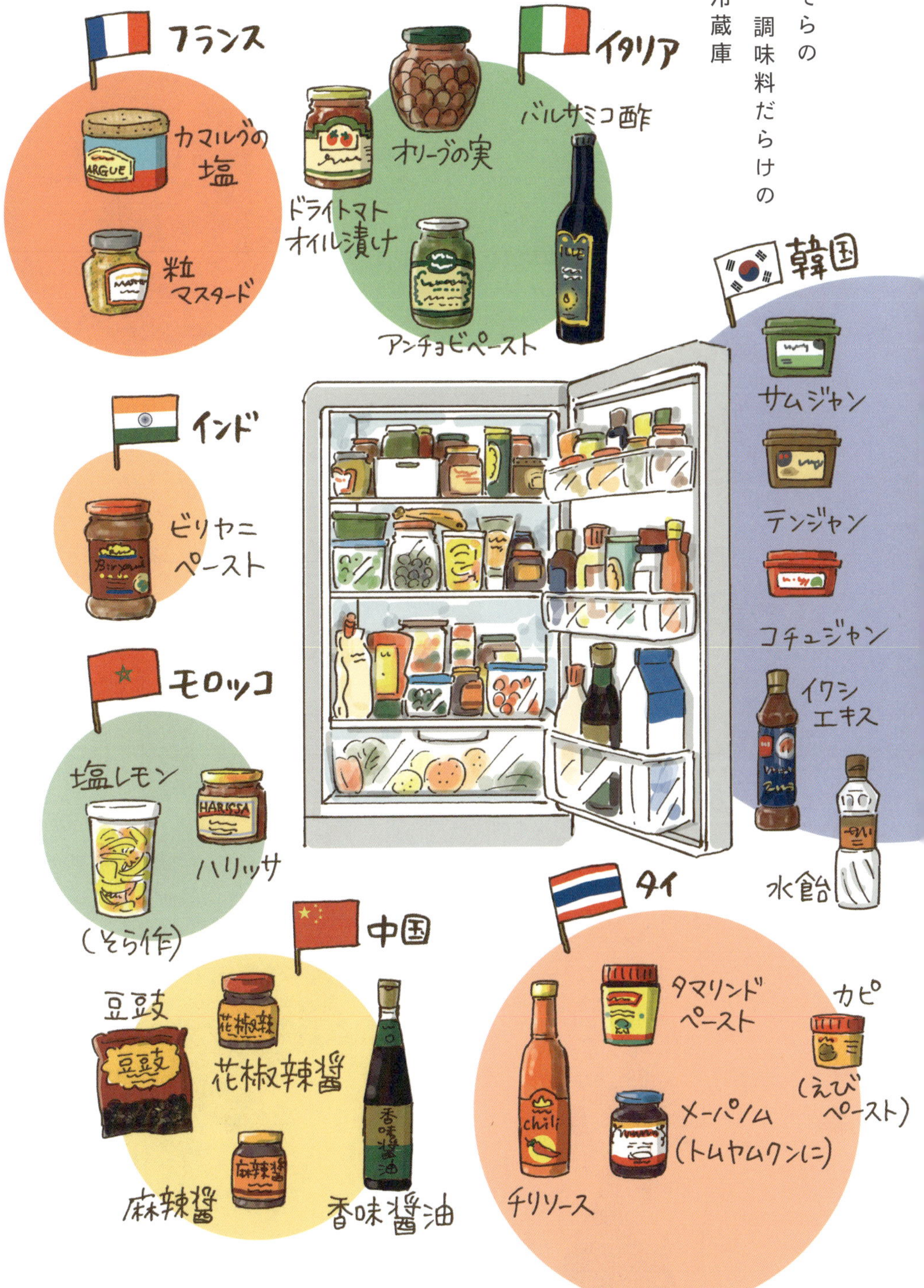

わー
今日もおいしそう♡
色合いもキレイね〜
焼き鮭
梅干
きんぴら
ねぎと紅ショウガの卵焼き
根菜スパイス焼き
カニカマとキュウリちくわ
ピーマンのおかか炒め
おかずもいっぱい♡
母の教え!!
お弁当は彩りが命って
いーなー
そらちゃんの彼氏になりたい♡
えっ!!

完璧✦
赤・白・黄・緑・茶
彩り彩り…
ハイ・メガネくん お弁当♡
ありがとう
お昼が楽しみだなあ
ウフフ♡
ハッ
また妄想しちゃってた
休憩終わっちゃう
ごちそうさま
手紙つき♡
メガネくん お弁当食べて がんばってね ♡♡♡
いつか作ってみたいなー♡

さっ!!
切り替えて仕事仕事!!
えーと
13時 新規の方
金子遼様カット
15時安司さんカラー
…メガネくんて
なんてお名前なのかなあ
海苔アートしたい…♡
リョウくんだいすき♥
ポワワワ‥
いかんいかん
妄想終わり!!
カランカラン
あっハイ
いらっしゃいませ…

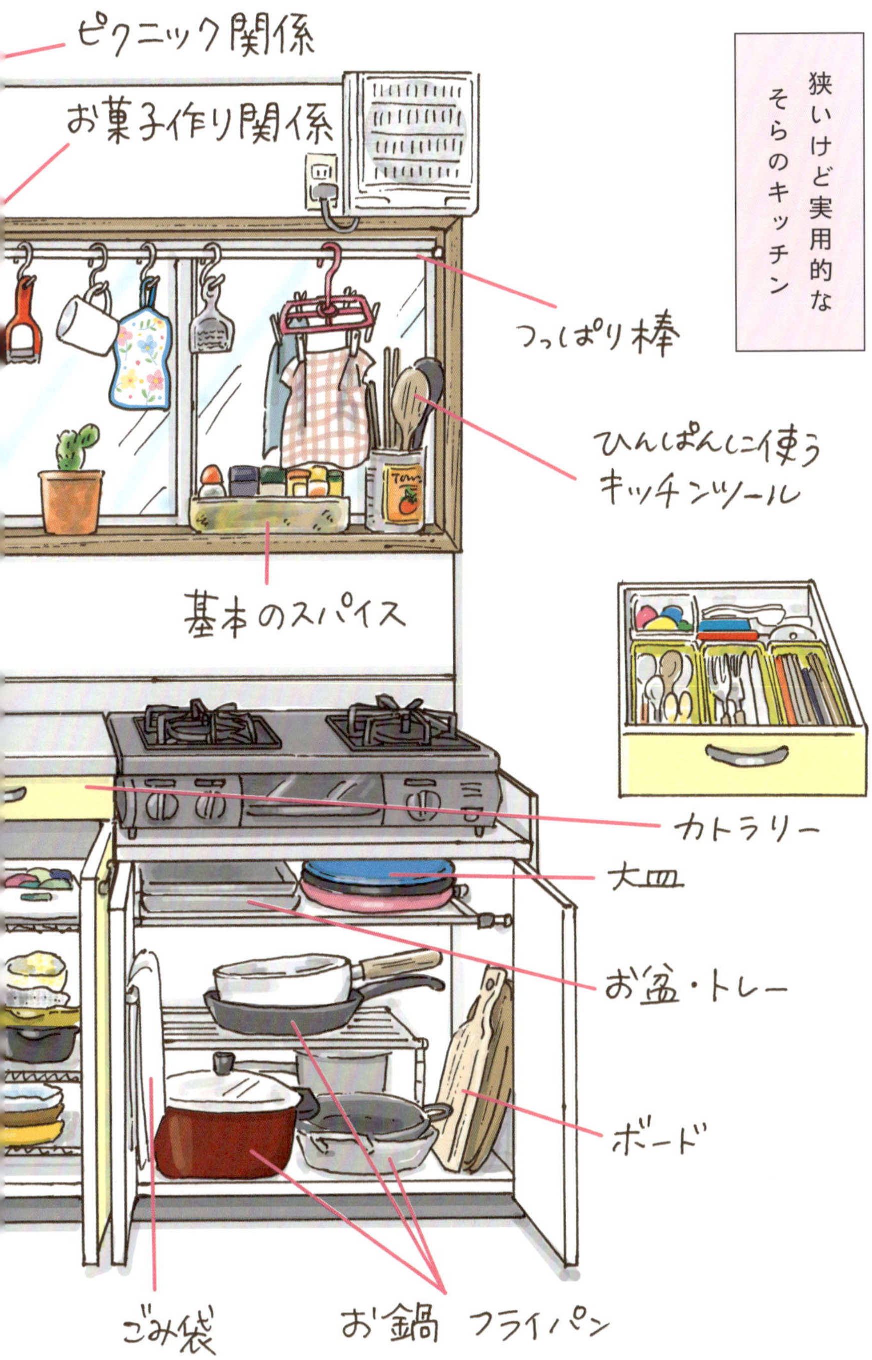
狭いけど実用的な
そらのキッチン
ピクニック関係
お菓子作り関係
つっぱり棒
ひんぱんに使う
キッチンツール
基本のスパイス
カトラリー
大皿
お盆・トレー
ボード
ごみ袋
お鍋
フライパン

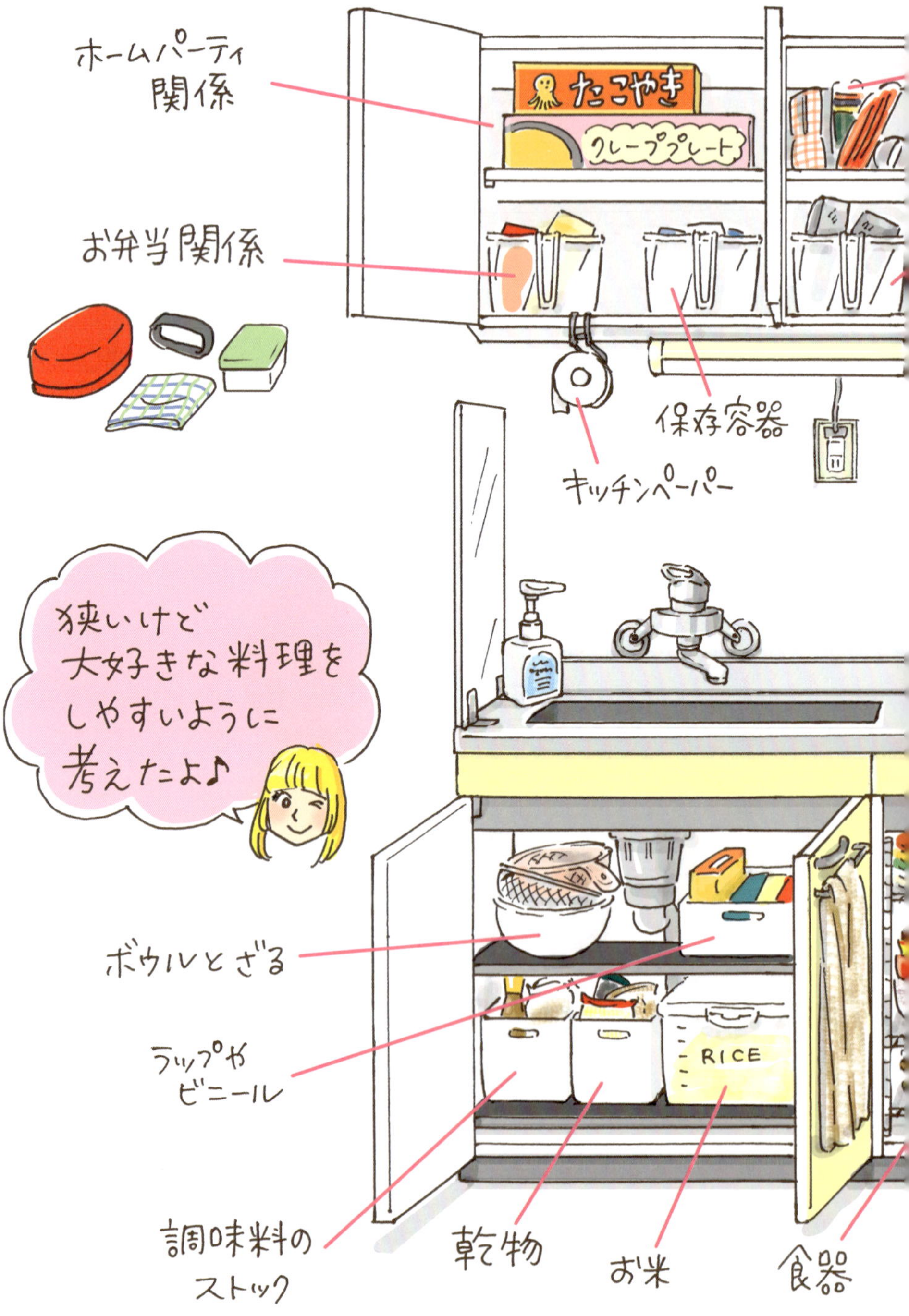
ホームパーティ
関係
たこやき
クレーププレート
お弁当関係
保存容器
キッチンペーパー
狭いけど
大好きな料理を
しやすいように
考えたよ♪
ボウルとざる
ラップや
ビニール
RICE
調味料の
ストック
乾物
お米
食器

妄想愛情オムライス

お母さん卒業

キッチン

須長《すなが》 碧《あお》 52歳
Laputa

パン屋アルバイト

ほんと
良かったよー
ちょうど
美容倶楽部の
日で!!
胡麻油
アハハ
わかるー
ハイ
ありがとー
ずっと
子どもいた時の量で
作っちゃうよね
そーなの!!!
1人分って
まだ
慣れない
今まで5人分
だったもんねー
辛いから
子どものとこ
持っていけないし
そっか
妊婦とちびっこ
そーなの

サオさんとこのアキくんは大学からそのままイギリス？
そだからうちはずっと夫と２人暮らし
サオさんはずっと夫婦仲良しだなぁ
うん
尊敬
毎日帰ってくるのワクワク待ってる
子どももいてそんな夫婦奇跡だわ〜！
部長は？
肌見ればわかるわ
あと目…
「ひとまわり年下と再婚」も奇跡よ
フフ…♥
碧ちゃんは？
もうフリーじゃない♪
出会いなんてある⁉
パン屋は女ばっかだし
お客さんとなんて漫画みたいなことないし

そもそもそんなにほしくない
「友達」くらいならいいけど
なるほどー
それより一人旅したいな
自分のペースで
自分の行きたい場所で
食べたい時に食べたいものを
ワカル!
私たちさ
あと30年は生きられるじゃない?

52年生きてきてさ
ギャー
びえ〜〜
PTA
その半分くらいは
自分でコントロール
できないようなこと
ばっかりだったと思うの
お金も時間も
でもやっと
自分の好きなことが
できるんだなぁって
ここからの人生が
楽しみだなって
ワカル〜!!

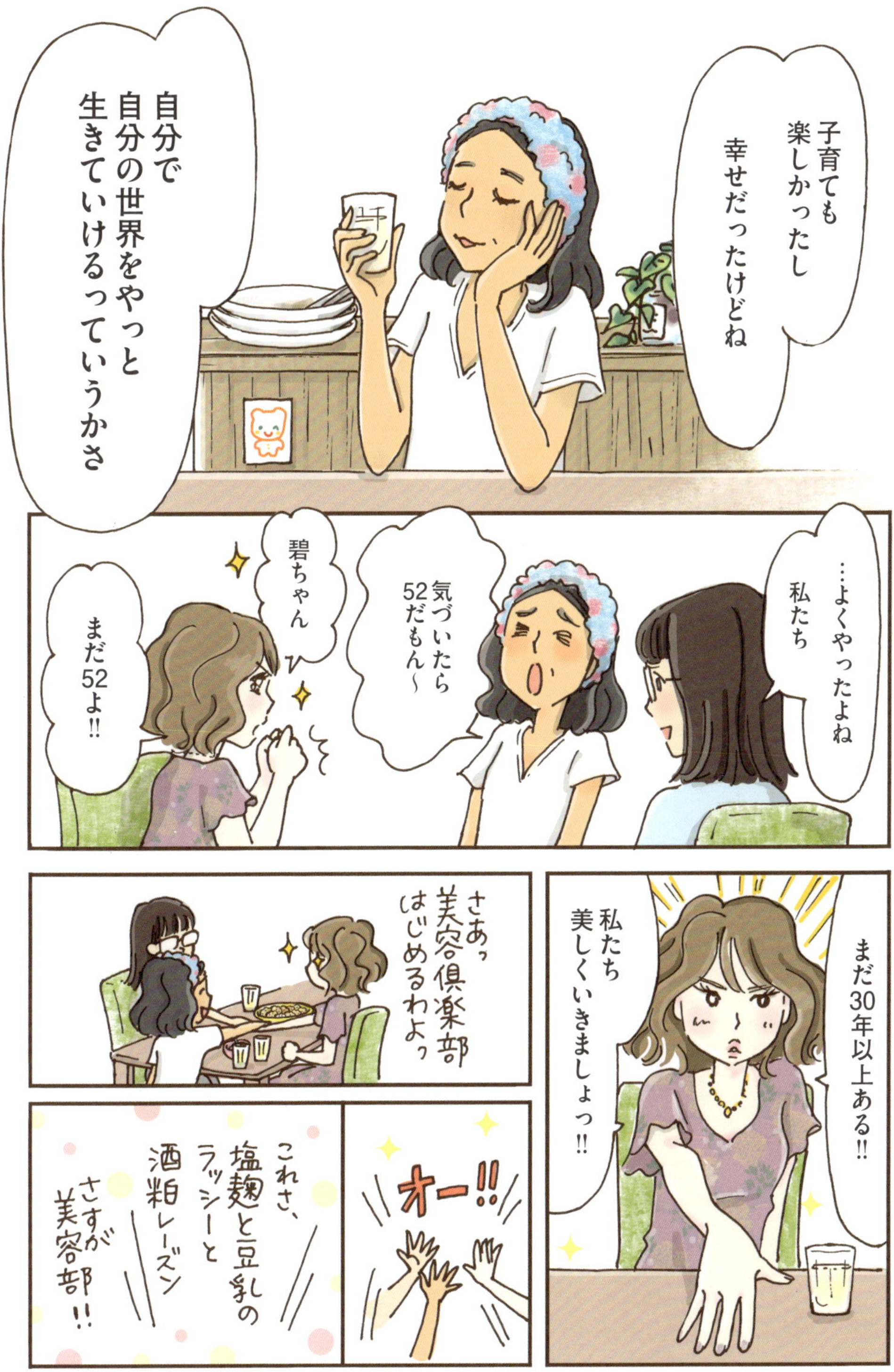
子育ても
楽しかったし
幸せだったけどね
自分で
自分の世界をやっと
生きていけるっていうかさ
…よくやったよね
私たち
気づいたら
52だもん～
碧ちゃん
まだ52よ!!
まだ30年以上ある!!
私たち
美しくいきましょっ!!
さあっ
美容倶楽部
はじめるわよっ
オー!!
これさ、
塩麹と豆乳の
ラッシーと
酒粕レーズン
さすが
美容部!!

碧の宝物

甘酒メーカー
甘酒・塩糀・しょうゆ糀
ヨーグルト・発酵あんこ等
発酵食品を作ることができる!!
美白効果
甘酒
ドレッシング
カッテージ
チーズ
甘酒にんじんラペ
味噌も
作れる
豆板醤も

持っていって あげたのにー
でもさー 歩けって 言うじゃん？
お医者さんも 看護師さんも
ハイ
わーい ハンバーグ～!!
いただきまーす
おいしー
あ そう？ 良かった
ハイ お味噌汁
明日の朝は ハンバーグサンド しよーっと
アハハ
いつもの パターンだ

良かったー
おかーさま・・・
もうごはん作りたくない・・・
泣きついて!!
うん 無理しちゃダメよ
ふーちゃん妊婦なんだし
元気出た?
あ!! アレ作ったよ
杏仁豆腐!?
これも持ってく?
いーの!?
重いかな
いっぱいすぎたね
平気?
あ
うん

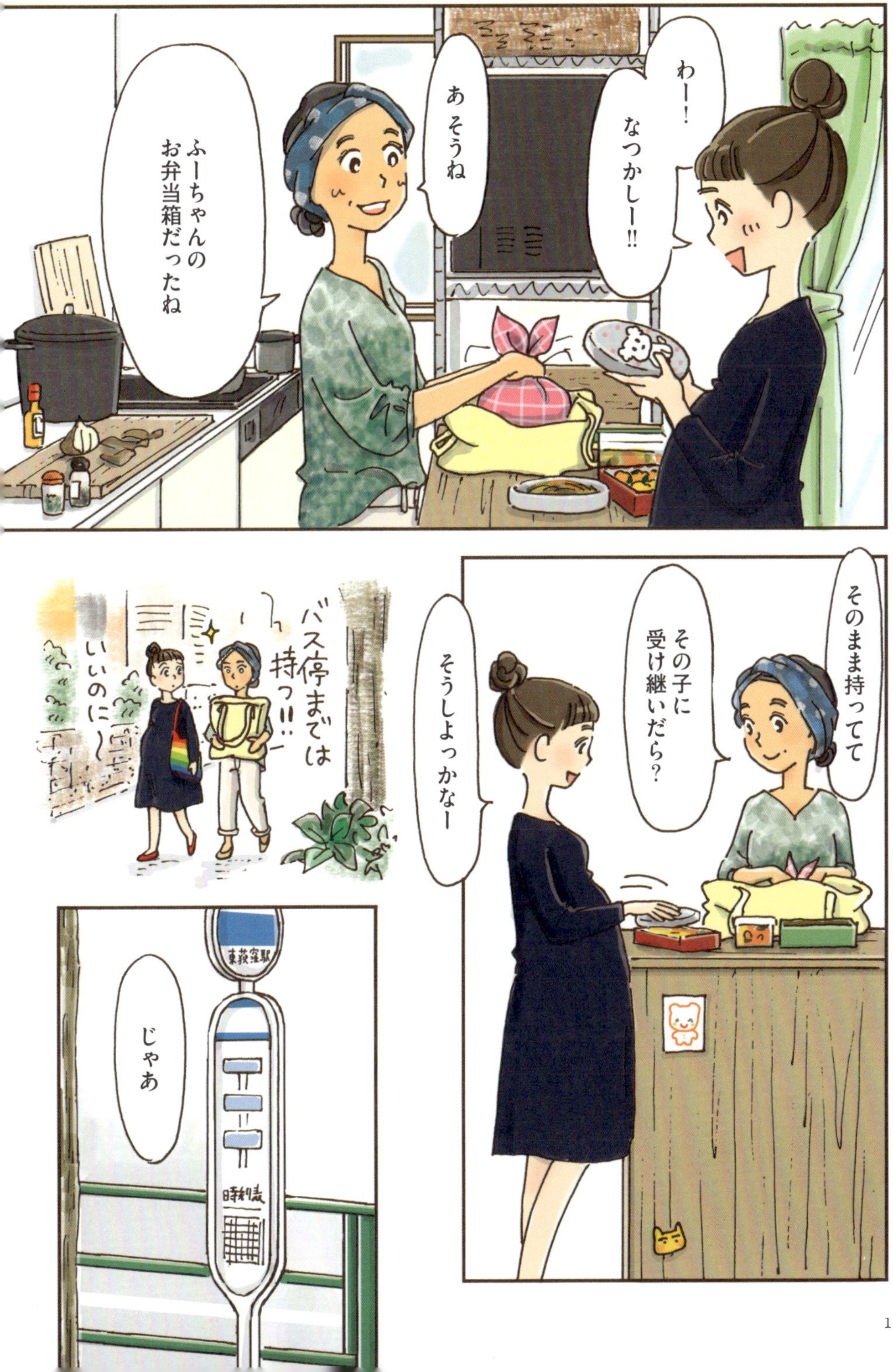

わー！
なつかしー!!
あ そうね
ふーちゃんのお弁当箱だったね
そのまま持ってて
その子に受け継いだら？
そうしよっかなー
バス停までは持つ!!
いいのに～
東荻窪駅
時刻表
じゃあ

なんかあったらすぐ連絡してよ
飛んでいくから
オッケー！じゃね～
いってきまーす
えっ今日ハンバーグ!?
なんでハンバーグにたきこみごはんなの？
しろいごはんがよかった～～
お弁当たのしみー
おいしー

……
ふしぎー
ヤダッ
部長に怒られちゃう!!
姿勢!!
シャキッ!
時の過ぎる速さにびっくりする
私この間妊婦だった気するけど
気のせいかな
はじまったばかりの人生の第3章
思いきり楽しまなくちゃ♪

一人暮らしになって
捨てたもの

子ども3人分の水筒!!
(部品を洗うのが
大の苦痛だった!!)

ピクニック用保存容器

麦茶を作っていた
2リットルのやかん

45リットルの大きなごみ箱×2

プラスチックの
コップ

子ども用の
包丁

捨てられなかったもの

子どもたちのお弁当袋
手ぬい
（▶はし置きを入れている）

子どもたちのお弁当箱
（▶保存容器として使用中）

子ども用カトラリー
（▶通常使い）

子ども用レトロ食器

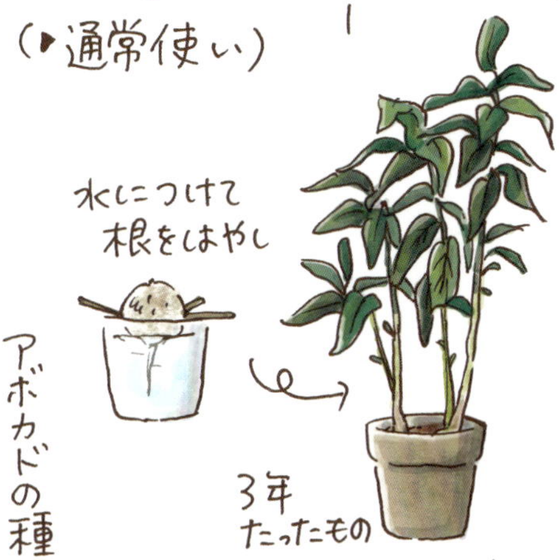
アボカドの種
水につけて根をはやし
3年たったもの

お弁当のしょうゆさし
（▶ミニ花器に）

ビールの王冠
片くりこ
牛乳
お米
（▶マグネットに）

野菜の切れ端
大根
にんじん
さつまいも

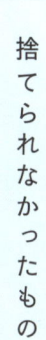

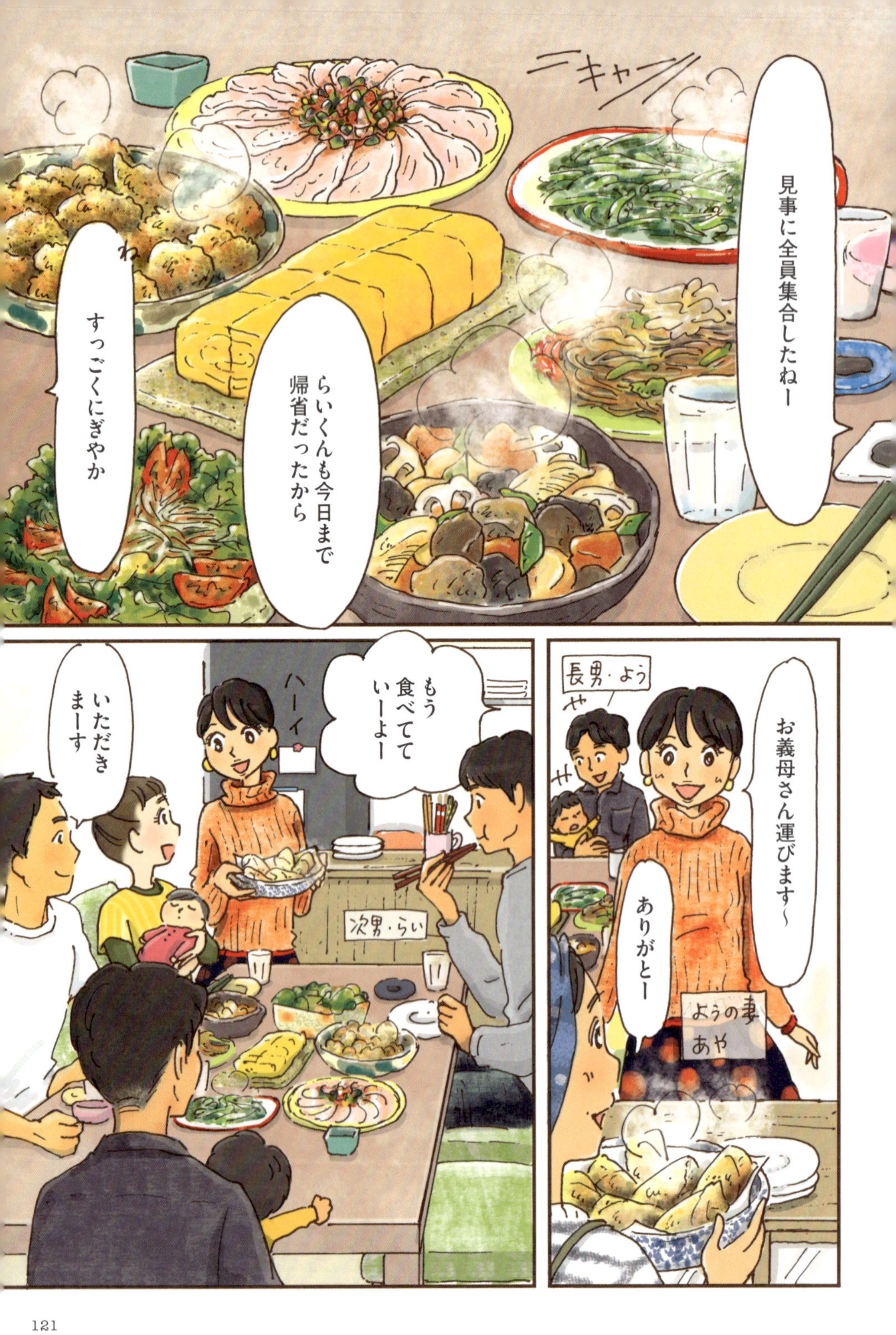
ニキャン
見事に全員集合したねー
らいくんも今日まで帰省だったから
すっごくにぎやかね
長男・よう
お義母さん運びます〜
ありがとー
ようの妻
あや
もう食べてていーよー
ハーイ
いただきまーす
次男・らい

おいし〜
人が作ってくれたごはん〜
だよねー!!
わかるわかる
だっこするよ
いーの?
2人ともゆっくり食べていってよ
お母さんも毎日思ってたもん
人が作ってくれたごはんて幸せだよね
セカセカ
セカセカ
電車であそぶ?
アー
だいじょうぶよ
スミマセン
洗いものします〜
せめて〜
いいからいいからいいから!!
今日はいいから

すみません
片づけもしないで
おかずも…
いーのいーの
たまには楽して
おなかいっぱい
幸せ〜
ふーちゃんも
なんかあったら
呼ぶのよー
じゃ
らいくん
勉強がんばって
ようくん
しっかり!!
いい男で
いるのよ
ヘイヘイ
じゃね

あ なんか一気につかれた…

……
私って
こんな毎日を
休むことなく
20年以上
やってたんだ…
…すごいよ
なあ…
もうムリ…
ああ静か…
いいや…
のんびり
片づけよう…
もう焦らなくていい
時間や人を気にしなくていいんだ
私は自分のペースで生きていく

あの頃のキッチン

MILK
ハロー
お茶
ラップ
うれん草

杏仁豆腐
つくりかた
①水1カップにゼラチン20gを入れてふやかす
②おなべで牛乳1パックと砂糖80gをまぜてとかす
③アマレットシロップ1カップ入れる
④ふっとうする前に火をとめて、ゼラチンを入れてよくまぜる
⑤おなべのまま冷ます。冷めたら器に入れて冷蔵庫
母のウラワザ
牛乳の半量を温めずにあとから入れると、冷ます手間がはぶけるよ
Amaretto

受け継がれる
杏仁豆腐

不自由で

自由なキッチン

佐賀 正香 36歳
さが まさか
児童書作家

朝

毎朝違う景色を眺めながら
パンとコーヒーの朝食

昼

道の駅やスーパーで その土地の
おいしい果物・野菜を買うのが楽しみ

果物を
丸かじり!!の
お昼ごはん

夜

買ったお野菜メインの料理を作る

深夜

本を読んだり映画を観たりしながら
お酒＋おつまみ
コーヒー＋おやつを楽しむ

クラッカーと
チーズは常備

おやつも
甘辛常備

正香の
バンライフキッチン

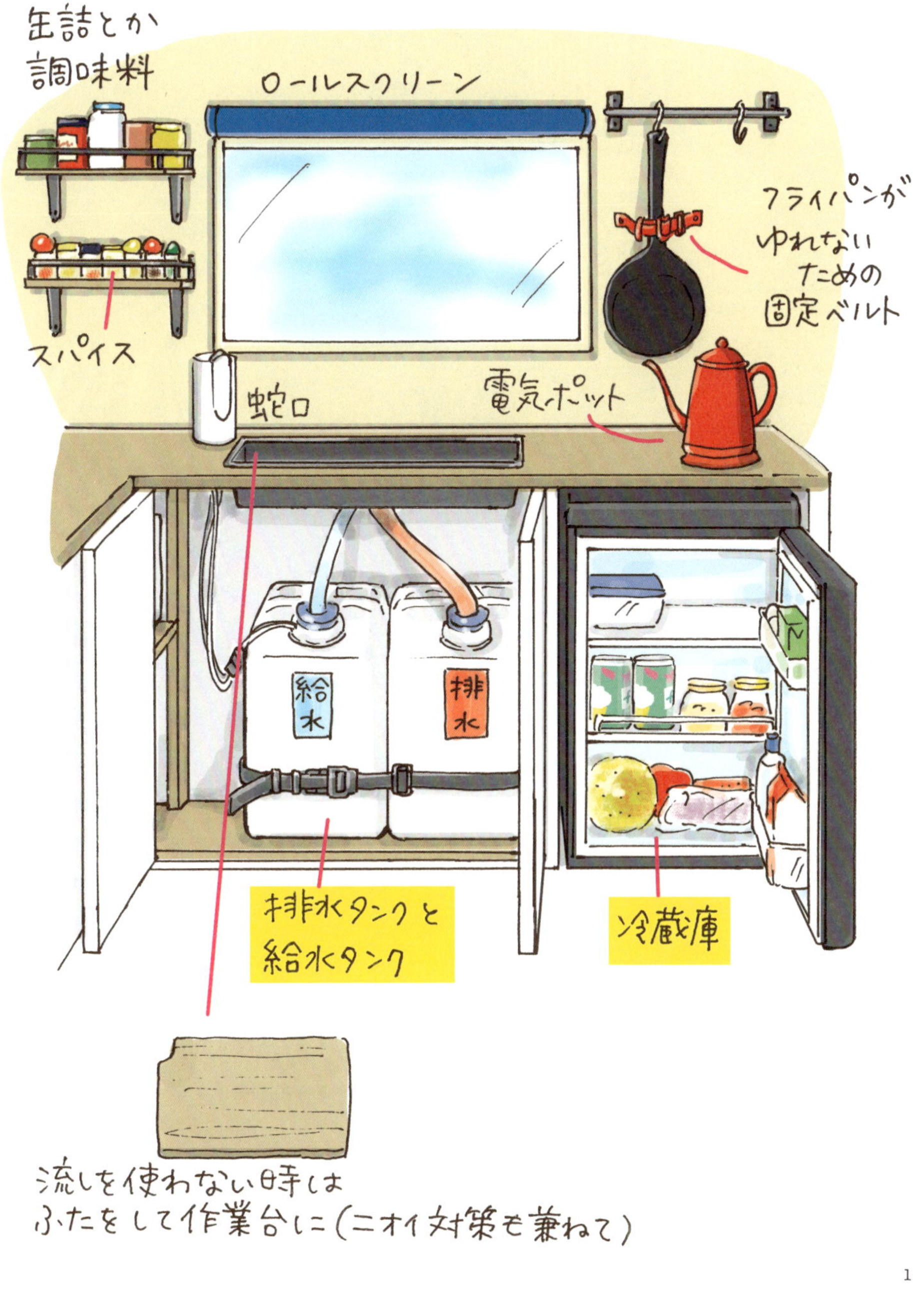

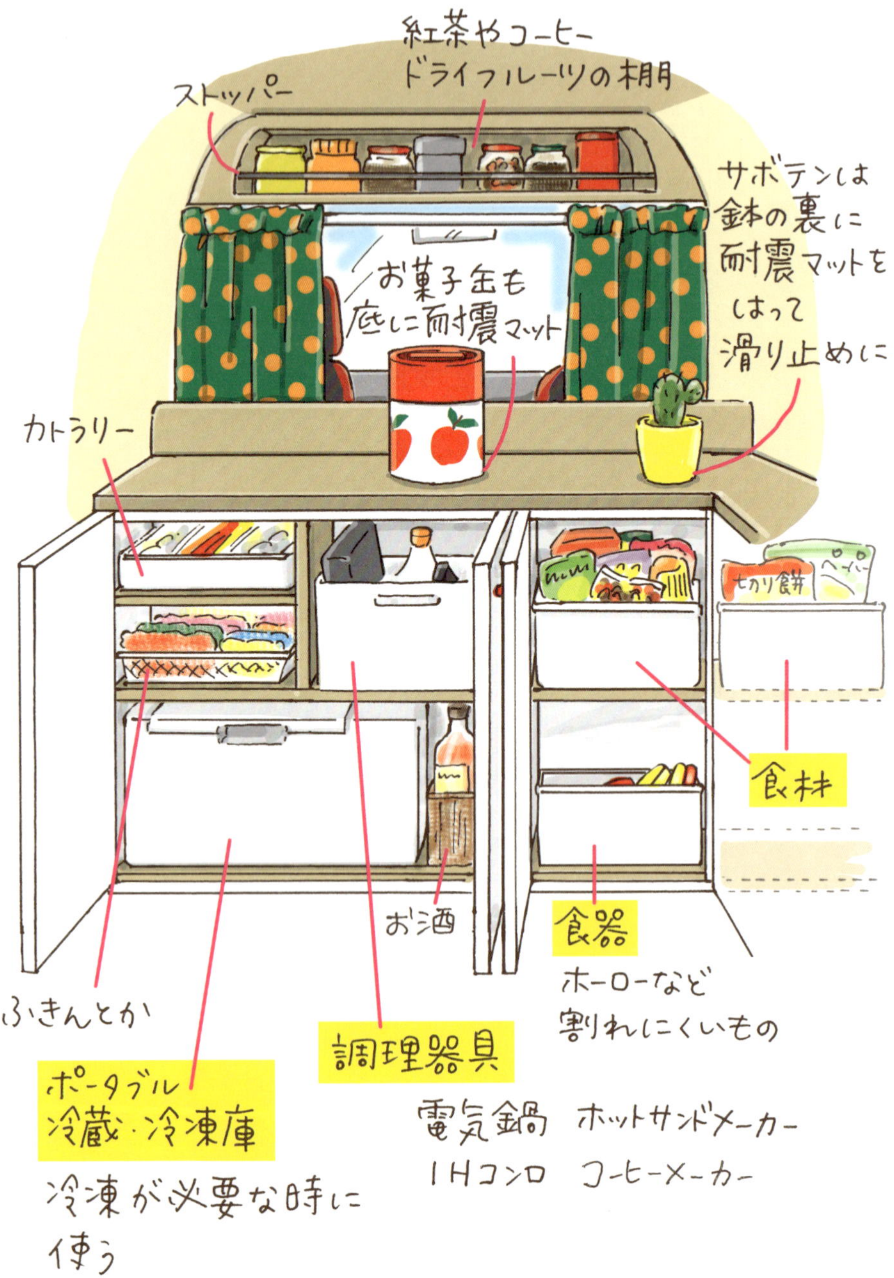

紅茶やコーヒー
ドライフルーツの棚
ストッパー
サボテンは
鉢の裏に
耐震マットを
はって
滑り止めに
お菓子缶も
底に耐震マット
カトラリー
七カリ餅
ペーパー
食材
お酒
食器
ホーローなど
割れにくいもの
ふきんとか
調理器具
電気鍋　ホットサンドメーカー
IHコンロ　コーヒーメーカー
ポータブル
冷蔵・冷凍庫
冷凍が必要な時に
使う

季節を映す キッチンの小窓

あ
鶴ちゃん!! 久しぶり!!
おー
これがウワサの
相棒バンくん♡ 見て見てー♪
あ これ 冷蔵庫入れて~
オッケー♫
わーい ツルごはん♪
へー ちゃんとキッチンだ
おもしろーい
凝ったものは 作れないけどね

どうなの？
バンライフは
え!?
いいよおー
毎日が
違う毎日なの！
サイコー!!
すごーい
お部屋だー
海!!
森!!
地球に生きている!!
って感じ!!
ふーん
そういうときめきも
あるんだねぇ
あ、次右ね
正香ってほんと
「まさか」だよね

断捨離
はじめたと
思ったら
私
車に
住む!!
だもんね
えぇっっ
アハハ
物をどんどん
捨てていったらさ
家…
必要?
って思っちゃって
気づいたら
まさかのバンライフ
名前通りの人生!!
西野
りんご園
到着〜
叔母が
この辺にとめて
自由に使っていいって
ハーイ
じゃあこのカゴ
いっぱいお願いします
オッケー♪
終わったら
パーティしよう!!

私のジャム
このおばさんちの
りんごで作ってるの
そうだったんだー
おいしー
でしょ
よし!!
完了!!
明日から私の
りんご
仕事の
はじまり
だわ
ジャムできたら
あげるね
やったー♪
キャンピングカーの
キッチンって
はじめて
コンロ
あるの?
ハイ
ノンアルだけど
うん でも
せっかくの風景だからさ

青空キッチンにしよう!!
持ってきたサラダにりんごをまぜよう
ナッツもトッピングしよー♪
さつまいもとかぼちゃのサラダ
にんじんのラペ

カマンベールとナッツのサラダにも
りんご入れよう
チリコンカンもあるよ!!
クラッカー
本格的アップルパイだー!!
デザートもまかせて!
おお〜

カンパーイ
んー♥♥
りんごも鶴ごはんもおいしー♡
…いつもと違う食卓…
なんか新鮮でいいわ
いつもと違う食卓の毎日
いろんなキャンプ場まわったり…
ほんとね

たとえば このりんごをさ
鶴ちゃんはキッチンで コトコト煮て
ジャムや お菓子にすることが 幸せじゃない？
私は 外で丸かじりが 幸せなの
毎日違う土地で その季節の食べ物を
その瞬間の景色を 見ながら食べるって
なんか動物みたいだなって思うの
人間も動物なんだよなって

不自由が
いっぱいだけどね
トイレとか
お風呂とか
水問題とか
うわー
なるほどね…
私にはできないけど…
うんうん
でもね
サイコーに

自由!!

旅先にて。

おばあちゃんの
味と一緒!

福島 はらこ飯

静岡 茶飴

大阪 きつねうどん

旅先の
ご当地スーパー・道の駅
大好き!!

「佐賀」県の
ペアキーホルダー

↖ 未来の恋人用

東京の飲み屋で出会った
同性同名の正香ちゃんと
お友達に♪

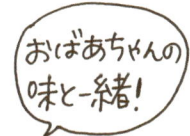

大判の薄手のコットンの布
ビーチマット・ビーチタオル・日よけ
目かくしなどに使えて便利!
そしてすぐかわく!

枕ケース

バンライフ快適アイテム

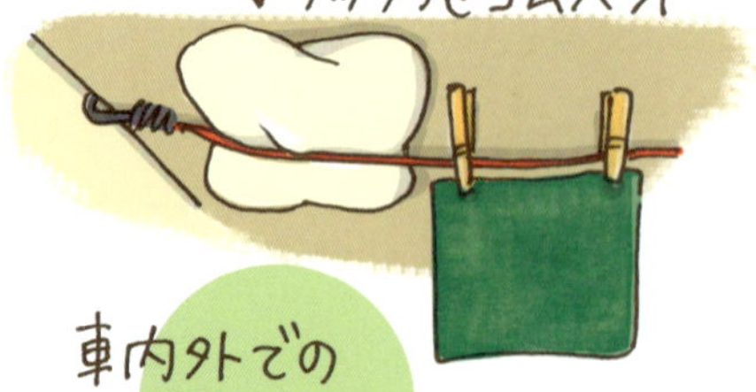
フックつきゴムバンド
洗濯干しなどに

ボディーシート
シャンプーシート
お風呂に
入れない時に

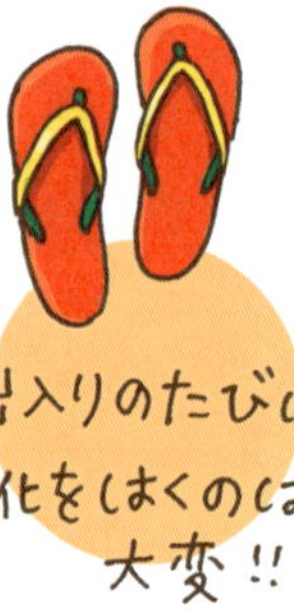
ビーチサンダル
出入りのたびに
靴をはくのは

気分の
リフレッシュに
ファブリックミスト

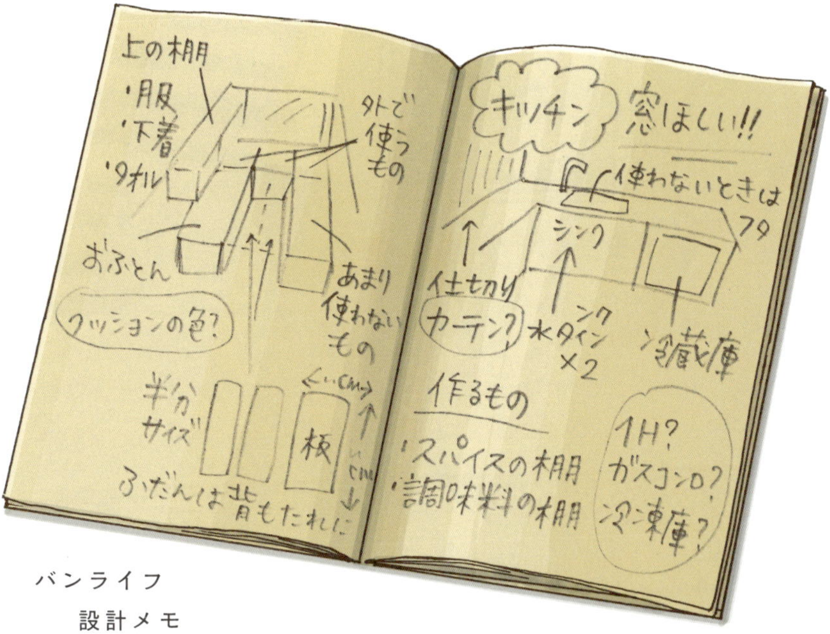

上の棚
・服
・下着
・タオル
外で使うもの
おふとん
クッションの色?
あまり使わないもの
半分サイズ
板
ふだんは背もたれに
キッチン
窓ほしい!!
使わないときはフタ
シンク
仕切りカーテン?
水タンク×2
冷蔵庫
作るもの
・スパイスの棚
・調味料の棚
IH?
ガスコンロ?
冷凍庫?

バンライフ
設計メモ

キッチンに住めたら

春、友人から引越しを考えている話を聞いたり、
海外に働きに行く若い子を見送ったりする中で、
「住む場所」について考えていた頃にこの本のお話をいただきました。

住みたい土地、住みたい家、
一緒に住みたい人・動物、そしてその場所でしたいこと。
人ひとりひとり、求めるものが見事に違うものだなあと思います。

人に必要な「衣食住」の「食」と「住」を担うキッチン。
そこにはたくさんの想い出や夢があるのではないでしょうか。

私が子どもの頃は、キッチンは母の場所。
母が作ってくれたキレイなお弁当が一番の想い出です。
私が母として過ごした時代のキッチンは、
まさに碧さんの過去のキッチンのイラストのように
日々しっちゃかめっちゃかの戦場でしたが、
振り返ると2人の息子たちとの楽しい記憶ばかりです。
今、一人になった部屋の小さなキッチンには、
必要最小限の物と最大級の愛があります。

そして未来！　私は正香のようなキッチンに住むのが夢です。

皆さんはどんなキッチンに住みたいですか？

今日、最後の一枚、それぞれの窓からのイラストを描きながら、
「ああこれでこの６人との日々はもう終わりなんだ」と、
さみしくて涙が出ました。
それくらい、６人と過ごしたこの半年間、とても楽しかったのです。
皆さんにも楽しんでいただけたお話やイラストがあったらうれしいです。

最後に、この本の企画をくださり
共に最後まで走ってくれた編集の片野智子さん、
主人公たちのモデルになってくれた私の大事な妹・友人・先生、
そして常に私を支え、キッチンの楽しさを思いださせてくれたあなたに、
心からのありがとうを。

2024. 11
サトウユカ

BIG BANG

staff

ブックデザイン
大串幸子

DTP
木蔭屋　小川卓也

校正
齋木恵津子

営業
橋本佳奈
神本彩
末吉秀丞
宮井紅於

編集
片野智子
白熊史子

編集長
松田紀子

キッチンに住みたい

発行　2025年 1月15日　　初版第一刷発行

著　者　　サトウユカ

発行者　　永田勝治

発行所　　株式会社 オーバーラップ
〒141-0031 東京都品川区西五反田8-1-5

印刷・製本　　大日本印刷 株式会社

ISBN 978-4-8240-1048-3　C0095

オーバーラップ カスタマーサポート
電話：03-6219-0850
受付時間：10：00～18：00（土日祝日をのぞく）

キッチンから聞こえてくる
生活の音

キッチンに住みたい

サトウユカ